Découvrir l'architecture

Découvrir l'architecture

JEREMY MELVIN

EYROLLES

Sommaire

LE MODERNISME

AU-DELÀ DU MODERNISME

PAGES DE RÉFÉRENCE

Introduction

L'architecture nous environne. Son rapport à l'immédiat et au quotidien influe sur notre mode de vie de manière profonde et subtile. Par exemple, le fait d'entrer dans un bâtiment, la façon d'y évoluer, ne sont pas neutres et font surgir des souvenirs, des émotions et des associations d'idées.

L'architecture varie en outre considérablement en fonction de l'époque, du lieu et du contexte social. Ce sont ces disparités qui nous aident à situer chaque type d'architecture dans l'un des multiples courants décrivant des périodes données de l'histoire de l'art.

À l'origine, les différences architecturales sont peu ou prou dues à des facteurs physiques, tels que la destination de l'édifice, le climat local et les matériaux disponibles. Avec le temps, ces influences se muent en conventions, leurs caractéristiques s'entremêlent avec la culture locale et engendrent souvent des traditions durables, lesquelles traditions influent parfois sur des sociétés et des cultures d'autres régions du monde par des voies diverses. Ainsi, au temps de l'expansion coloniale, les Européens ont largement importé leur pratiques architecturales.

Si l'architecture répond dans un premier temps à la nécessité pour les hommes de créer un habitat approprié aux conditions environnantes, elle devient rapidement un facteur de compréhension et de conciliation avec cet environnement, une façon de se confronter aux éléments naturels. Aujourd'hui, elle joue un rôle autant social que politique.

Cet ouvrage se présente comme un guide permettant d'appréhender les principales tendances architecturales, ainsi que les concepts et le contexte physique et social qui les sous-tendent. Bien qu'il ne fournisse pas toutes les clés pour identifier l'appartenance d'un bâtiment à un courant spécifique, il suggère la démarche esthétique suivie par les architectes pour résoudre des problèmes pratiques et exprimer leurs idées.

Aucun courant ne répond à une définition simple. Ainsi, certains architectes et édifices s'insèrent dans plusieurs catégories. Nous avons classé les courants en cinq catégories fondamentales décrites ci-contre. Certains restent relativement constants sur de longues périodes. C'est le cas du confucianisme qui reflète la cohérence de la tradition architecturale chinoise et la stabilité de l'ordre social prônée par Confucius plus que la réalité de l'histoire politique. D'autres, comme l'hindouisme, s'épanouissent dans des cadres temporels similaires mais sont également le fruit d'influences architecturales diverses. D'autres encore, peut-être les plus nombreux, reflètent la rapidité avec laquelle des idées apparaissent ou tout du moins sont reprises par des architectes et supplantées par de nouveaux courants plus séduisants en l'espace d'une ou deux décennies. Enfin, il arrive que des courants coexistent, même s'ils semblent contradictoires, à l'instar de l'urbanisme monumental et du néogothique qui cherchent à relever les mêmes défis portés par la fin du XIXe siècle.

Enfin, précisons que jusqu'au milieu du XIXe siècle, les architectes n'avaient pas conscience d'appartenir à un courant en dépit des différences manifestes qui pouvaient exister entre les mouvements. Mais à partir des années 1830, l'architecture se politise de plus en plus et le choix d'un style devient idéologique. Au début du XXe siècle, cette tendance s'affirme ; il est de rigueur d'adhérer à un mouvement spécifique. Plus récemment, les architectes ont commencé à résister à une telle classification.

LES CINQ TYPES DE COURANTS

1 UN LARGE COURANT CULTUREL

Par exemple l'humanisme, le néoclassicisme

LCC

Ces courants sont issus de mouvements culturels très vastes et qui englobent souvent différentes formes d'expressions artistiques. Bien qu'ils n'aient pas toujours été de longue durée, il se caractérisent par une diffusion très large des idées qui les sous-tendent.

2 UN MOUVEMENT QUALIFIÉ PAR LES ARCHITECTES

Par exemple le purisme, le structuralisme

MQA

La plupart de ces courants datent du XIXe et du XXe siècle. À certaines périodes, les architectes eurent à cœur de se définir et de conceptualiser leur démarche. Dans la mesure du possible, ils joignirent leurs forces pour affirmer la suprématie de leurs valeurs sur les autres mouvements contemporains et, en règle générale, sur ceux du passé, en publiant des manifestes. Bien qu'ils se caractérisent par une rhétorique éloquente, ces courants manquent parfois de la profondeur intellectuelle de tendances moins raisonnés.

3 UNE ÉTIQUETTE APPLIQUÉE RÉTROSPECTIVEMENT

Par exemple le protoclassicisme, le postimpressionnisme

EAR

Ces étiquettes sont chères aux historiens car elles permettent de structurer des faits qui, à leur époque, auraient pu sembler le fruit du hasard et dénués de tout lien entre eux. Par exemple, on imagine difficilement que les bâtisseurs de Cnossos se soient eux-mêmes considérés comme protoclassiques. Ils auraient dû faire appel au concept de classicisme qui n'existait pas encore. Il est en revanche indéniable que leurs croyances et leurs pratiques participèrent à l'émergence du classicisme qui, à travers ses diverses manifestations, a été le style architectural le plus influent. Ainsi, ces étiquettes appliquées rétrospectivement, sont des outils essentiels pour comprendre la façon dont les tendances se sont mêlées, se sont séparées et ont évolué au fil du temps.

4 LA REPRÉSENTATION D'UNE IDÉOLOGIE

Par exemple le piétisme, le totalitarisme

RI

Tout art peut être le reflet plus ou moins explicite d'une idéologie. La relation entre l'architecture et l'idéologie est néanmoins unique. En règle générale, plus imposant est l'édifice, plus riche et puissant est l'individu qui le commande et, par conséquent, plus grande sera sa volonté de promouvoir ses idées.

5 UN COURANT NATIONAL OU RÉGIONAL

Par exemple le shintoïsme, le désurbanisme

CNR

Jusqu'à ce que la technologie permette d'exporter des matériaux et que l'on puisse modifier artificiellement la température d'un bâtiment, l'architecture resta étroitement liée à l'environnement. L'interaction entre les idées et les croyances d'une société, un climat et une topographie donnés et les matériaux de construction disponibles ont souvent abouti à des traditions architecturales reconnaissables. Courant national ou régional est le terme qui leur convient le mieux. Au cours du XIXe siècle, de telles traditions historiques ont souvent été diluées dans des identités nationales plus larges.

Mode d'emploi

LCC Ce symbole permet d'identifier au premier coup d'œil les types de courants tels qu'ils ont été définis dans l'introduction. Vous savez ainsi s'il s'agit d'un large courant culturel (LCC), d'un mouvement qualifié par l'architecte (MQA), d'une étiquette appliquée rétrospectivement (EAR), de la représentation d'une idéologie (RI) ou d'un courant national ou régional (CNR).

INTRODUCTION

Le premier paragraphe est une brève introduction au courant, un résumé succinct de ses principales caractéristiques.

ARCHITECTES CLÉS

Cette liste comprend les architectes les plus représentatifs d'un courant. Étant donné le peu d'informations concernant l'Antiquité et la pré-Renaissance, elle n'existe pas dans la première section.

MOTS CLÉS

Ces mots résument les concepts, styles ou questions essentielles liés à un courant. Leur association compose un portrait qui vous permettra d'identifier rapidement un courant et d'en mémoriser les caractéristiques.

ANALYSE

Celle-ci est une étude plus approfondie que l'introduction. Elle explique la signification d'un courant, son histoire et les idées, les méthodes ou les styles qui le distinguent ou le rapprochent d'un autre mouvement.

ŒUVRES CLÉS

Chaque courant est illustré par une ou deux œuvres majeures. Elles ont été choisies pour leur caractère représentatif et illustrent bien les spécificités telles que décrites dans le texte.

44 **Le temps des inventions** EAR **Le temps des inventions** 45

Recherches, expérimentation et regain d'intérêt pour la culture classique caractérisent les débuts de la Renaissance. Cet esprit d'invention contribue à modifier la perception des bâtiments tandis que l'harmonie des proportions acquiert une prééminence absolue. Ce courant architectural a son équivalent en peinture où la perspective modifie le champ de la représentation picturale.

FILIPPO BRUNELLESCHI (1377-1446) ; LORENZO GHIBERTI (1378-1455) ; MICHELOZZO DI BARTOLOMMEO (1396-1472) ; LÉONARD DE VINCI (1452-1519)

innovation ; expérimentation ; défi ; nouveauté ; construction artisanale

Au début du xve siècle, Florence est suffisamment prospère pour tenter ce qui, jusqu'alors, avait été impossible en matière de construction. Le symbole le plus éclatant de cet élan, symbole aussi de toute la Renaissance florentine, est la coupole de Santa Maria del Fiore, conçue par Filippo Brunelleschi. Structure gothique au début de son édification en 1296, la construction avait atteint en 1418 un point où il était impossible d'ignorer le problème de la portée de la croisée (jonction entre la nef et les transepts) de 42 m. Brunelleschi était orfèvre de métier mais avait étudié l'architecture romaine classique. Partant d'une base gothique, il mit au point d'ingénieuses techniques pour parvenir à réaliser ce qui allait devenir le plus grand dôme d'Europe lors de son achèvement en 1436. Bon nombre des solutions qu'il employa furent controversées, mais son succès démontra que de nouvelles méthodes de construction, empiriques, fournissaient des résultats impossibles à obtenir d'après les règles antérieures.

Pour l'essentiel, Brunelleschi expérimenta et appliqua avec ingéniosité la discipline classique. Son hôpital des Innocents présente une colonnade beaucoup plus convaincante que la Loggia dei Lanzi conçue dans sa jeunesse, quant aux chapelles San Lorenzo et San Spirito, elles intègrent le classicisme à un plan d'église gothique traditionnel. Ses amis Masaccio et Donatello redéfinirent la peinture et la sculpture dans le même esprit, et son disciple Michelozzo di Bartolommeo (connu sous le nom de Michelozzi Michelozzo) ouvrit la voie aux palais Renaissance avec son Palazzo Medici (palais Médicis) (1444-1459) en introduisant ordre et symétrie dans cet édifice majeur du style Renaissance.

La méthode de l'expérimentation et de l'étude scientifique, alliée au renouveau de l'enseignement classique, perdura tout au long de la Renaissance et atteignit son apogée avec les recherches de Léonard de Vinci sur des sujets tels que la morphologie et le vol humain ; ses carnets de notes contenaient les prémices de ce qui allait être la caractéristique de la Haute Renaissance, l'église à plan central.

ŒUVRES CLÉS

← **Basilica di Santa Maria del Fiore, Florence, Italie, FILIPPO BRUNELLESCHI, 1418-1436**
Le dôme conçu par Brunelleschi ne domine pas seulement la cathédrale mais tout l'horizon de la cité et même la vallée de l'Arno. Aucune coupole de cette dimension n'avait été élevée auparavant. Brunelleschi inventa de nouvelles techniques de construction en se basant sur sa connaissance des architectures gothique et romane.

↓ **Palazzo Medici (palais Médicis), Florence, Italie, MICHELOZZO DI BARTOLOMMEO, 1444-1459**
Famille de marchands et de banquiers qui dirigeait Florence au xve siècle, les Médicis introduisirent avec ce palais un concept de vie urbaine totalement nouveau. Auparavant, les oligarques citadins vivaient dans des ensembles de bâtiments tentaculaires dont les dimensions proclamaient leur puissance et leur prestige. C'est moins par l'ampleur du projet que par la splendeur qui le fait rivaliser avec les grandes œuvres publiques que le *palazzo* permet d'afficher sa richesse et sa puissance.

AUTRES ŒUVRES

ITALIE Loggia dei Lanzi, Florence, 1376-1382 ; portes du Baptistère, Florence, LORENZO GHIBERTI, 1401-1424 ; Ospedale degli Innocenti (hôpital des Innocents), Florence, FILIPPO BRUNELLESCHI, 1419-1424 ; chapelle des Pazzi, Florence, FILIPPO BRUNELLESCHI, 1429-1446 ; chapelle Santo Spirito, Florence, FILIPPO BRUNELLESCHI, 1445-1482.

rationalisme structural ; néoclassicisme ; humanisme ; idéalisme ; gothique

néogothique ; baroque ; rococo

AUTRES ŒUVRES

Complémentaires des œuvres clés, elles illustrent bien le courant. Dans la mesure du possible, elles se trouvent à proximité de l'une des œuvres clés citées afin de permettre au lecteur désireux de se rendre sur place d'organiser une visite groupée.

COURANTS EN RELATION

Les courants sont souvent liés. Ce symbole désigne ceux qui ont un rapport avec le courant analysé.

COURANTS EN OPPOSITION

Les courants sont souvent antithétiques ou fondés sur des hypothèses, des idées ou des méthodes qui s'excluent mutuellement et sont incompatibles. Les courants figurant sous ce symbole sont, si l'on peut dire, en désaccord avec le courant analysé.

Les autres sections du livre

INDEX DES ŒUVRES

Cette liste alphabétique des édifices indique leur situation géographique et leur date de réalisation, ainsi que le courant auquel ils se rattachent. Cette liste n'est pas exhaustive et ne recense pas la totalité des richesses architecturales d'un pays.

INDEX DES ARCHITECTES

Les architectes y sont répertoriés par ordre alphabétique pour faciliter les recherches. Les noms sont accompagnés des dates de naissance et de mort, et du courant dont l'artiste est le plus proche.

GLOSSAIRE

Il recense les termes techniques utilisés dans les définitions des courants (par exemple « croisée ») et des termes que vous rencontrerez peut-être lors de vos visites ou de lectures complémentaires mais qui n'ont pas été nécessairement employés dans cet ouvrage (par exemple « architecture virtuelle »).

CHRONOLOGIE DES COURANTS

Ce tableau indique la durée de vie des courants et des mouvements décrits dans cet ouvrage. Les courants nationaux et régionaux sont les plus durables. L'une des raisons de cette longévité est qu'ils s'intègrent au processus d'adaptation d'une culture, à son environnement climatique et géographique et que les réponses qu'ils apportent s'enracinent dans la tradition. Même s'ils s'engagent dans le changement, ils restent étroitement liés à l'identité nationale et à la structure sociale. De même, les larges courants culturels évoluent en règle générale au rythme des mutations sociales. Ces deux types de courant ont une longévité que ne peuvent avoir les mouvements qualifiés par un architecte ou un groupe d'architectes à des fins spécifiques. Les courants se référant à une idéologie sont plus ou moins éphémères. Il arrive qu'ils réapparaissent, ce qui n'implique pas nécessairement une renaissance du style originel. De même, les historiens ou les critiques forgent parfois un nouveau terme pour définir un sujet d'étude et l'identifier par rapport aux mouvements contemporains et à ceux qui lui succèdent ou le précèdent immédiatement.

LIEUX À VISITER

Cette section vous signale des sites proches où se trouvent des spécimens d'un courant particulier. La liste est loin d'être exhaustive là encore. Il s'agit plutôt d'une sélection des types d'architecture que le visiteur peut rencontrer dans les plus grandes villes du monde.

I

L'ANTIQUITÉ ET LA PRÉ-RENAISSANCE

Le préclassicisme

En dépit de certaines similitudes telles que les excédents de ressources alimentaires dus à des conditions naturelles favorables, les premières civilisations apparurent isolément et développèrent des spécificités distinctes. Cependant, les civilisations du Moyen-Orient antique étaient tellement proches géographiquement qu'elles s'interpénétrèrent très tôt et contribuèrent à faire émerger le classicisme grec.

monumentalisme ; commémoration ; esclavage ; civilisation

Tout au long du IIe et du IIIe millénaire av. J.-C., les conditions climatiques et les eaux fluviales disponibles procurèrent la stabilité nécessaire au développement de nombreuses civilisations. Parmi celles-ci, les plus influentes et les plus durables prospérèrent en Égypte, où les crues annuelles du Nil fertilisaient une bande de terre sur ses deux rives. Des hommes s'y installèrent dès les temps les plus reculés. Leurs constructions gagnèrent progressivement en sophistication jusqu'au début du IIIe millénaire av. J.-C., époque à laquelle ils commencèrent à créer des structures dont les ruines sont encore visibles à ce jour. Les vestiges les plus remarquables sont les tombes et les temples qui attestent des fondements théocratiques de l'Égypte antique. L'évolution de ces édifices donne une idée des modifications de l'équilibre des pouvoirs entre les rois et les prêtres.

Les pyramides, monuments égyptiens les plus célèbres, commencèrent à être édifiées au début du IIIe millénaire pour atteindre leur apogée avec la pyramide de Gizeh, achevée vers 2500 av. J.-C. Ces tombeaux royaux symbolisaient le passage de la vie humaine à la vie divine. À partir de 2000 av. J.-C. fut érigée une série de temples dont celui d'Amon à Karnak est un bel exemple. Construit sur plusieurs siècles et sous le règne de différents rois, Amon témoigne de l'évolution des croyances plus qu'il ne glorifie des souverains à titre individuel. Ses colonnes décorées de motifs inspirés de la nature et de signification symbolique, annoncent le classicisme. La prédominance des monuments funéraires dans l'Égypte antique explique que ce pays ait été volontiers associé à la mort dans l'esprit du XIXe siècle.

On trouve des traces de civilisations datant de la même époque en Mésopotamie. Ses deux principaux fleuves, le Tigre et l'Euphrate, et leurs divers affluents alimentaient une multitude de petits États qui n'atteignirent jamais l'unité et la pérennité de l'Égypte. Nombre d'édifices étaient construits en briques séchées au soleil. Cette architecture monumentale, caractérisée par des murs massifs et des grands volumes, se perfectionna progressivement sur le plan de la décoration des surfaces. À partir du IVe siècle av. J.-C., en Égypte notamment, l'interaction avec la civilisation hellénique naissante s'amplifia.

ŒUVRES CLÉS

Les grandes pyramides de Gizeh, à l'extérieur du Caire, Égypte, vers 2631-2498 av. J.-C.
En partant de la gauche : Mykérinos, Khéphren et Khéops. Le plus célèbre et certainement le plus grand monument ayant survécu depuis l'Antiquité, Khéops, mesure presque 150 m de haut. Les pyramides de Gizeh étaient des tombeaux royaux et leur organisation reflète les croyances égyptiennes en un passage vers une autre vie après la mort. Chacun de leurs angles désigne un point cardinal ; leurs faces sont des triangles quasi équilatéraux et leur disposition reproduit celle des trois étoiles du Baudrier d'Orion.

La porte d'Ishtar, Babylone, Mésopotamie, 605-563 av. J.-C. « L'humanité la contemplera avec émerveillement » écrivait Nabuchodonosor II à propos de la porte d'Ishtar qui fut l'un des chantiers de sa reconstruction de Babylone. Sur cet ouvrage par ailleurs massif, les motifs décoratifs sont composés de briques émaillées ; ils évoquent Ishtar, déesse égyptienne de la guerre à la sensualité débridée, et son animal sacré, le lion.

AUTRES ŒUVRES

ÉGYPTE pyramide à gradins de Zoser, Sakkarah, 2778-2723 av. J.-C. ; pyramides Nord et Sud de Snéférou, Dashour, 2723 av. J.-C. ; grand temple d'Amon, Karnak, 1530-323 av. J.-C. ; temple de Louxor, 1408-1300 av. J.-C.

MÉSOPOTAMIE Ziggourat et enceinte d'Ur, reconstruites en 2125 av. J.-C. ; cités d'Assur, Nimroud et Khorsabad, 1250 -700 av. J.-C.

protoclassicisme ; précolombien ; architecture hindouiste ; architecture confucianiste

gothique ; rococo ; néoclassicisme ; rationalisme

L'architecture hindouiste

Durant plusieurs millénaires, l'architecture indienne a évolué suivant les influences réciproques des traditions locales et étrangères. Cette succession de cultures est signe de la remarquable capacité qu'à eu ce pays à assimiler et à adapter les éléments de diverses traditions. Il en est résulté une extraordinaire diversité qui compose la riche histoire culturelle du sous-continent.

syncrétisme ; maçonnerie ; hindouisme ; bouddhisme ; islam

L'architecture de cet immense sous-continent à forte densité de population présente bien sûr des différences considérables selon les régions et conserve les traces de multiples influences. L'Indus, fleuve du Pakistan actuel, a alimenté l'une des plus anciennes civilisations du monde du milieu du IIIe millénaire av. J.-C. jusqu'à son apogée, au début du IIe millénaire. De grandes colonies urbaines s'installèrent alors et laissèrent des vestiges bien au-delà de la vallée de l'Indus et de ses affluents, même si les traces écrites sont très peu nombreuses et indéchiffrables. Par la suite, et avec une intensité accrue à partir de 400 av. J.-C., l'architecture indienne a témoigné d'une remarquable capacité à assimiler les influences étrangères, à travers un processus d'adaptation réciproque entre les idées nouvelles et les coutumes locales établies.

Ce phénomène est particulièrement marqué dans les édifices religieux. L'hindouisme, la plus ancienne des grandes religions indiennes, est né alors que les pratiques religieuses évoluaient des sacrifices rituels vers la vénération. L'architecture initiale était issue de formules mathématiques obscures connues de la seule caste sacerdotale dominante. Le bouddhisme et le jaïnisme émergèrent en partie par réaction contre cette théocratie. Leurs rites nécessitaient un nouveau type d'architecture. Le bouddhisme introduisit un culte qui exigeait des espaces plus vastes que ceux employés pour les dévotions individuelles de l'hindouisme. On érigea également des stûpas, reliquaires contenant les cendres de ceux qui avaient atteint l'Éveil, stade ultime du bouddhisme. En raison de ces nouveaux besoins, les influences venues de Perse, et même de la Grèce classique, par l'intermédiaire d'Alexandre le Grand qui atteignit l'Inde au IVe siècle av. J.-C, furent bien accueillies.

L'arrivée de l'islam à partir du XIIe siècle de l'ère chrétienne entraîna l'épanouissement de cet évolutionnisme architectural typique de l'Inde. Alors que les interdits de l'islam concernant les représentations naturalistes affectaient profondément la décoration, la propension à intégrer la pratique religieuse dans l'architecture perdurait. Dans sa nouvelle capitale, Fatehpur Sikrî (1569-1580), l'empereur moghol Akbar y fit construire d'immenses palais et mosquées associant des décorations islamiques, bouddhistes, hindoues et même gothiques en un syncrétisme symbolique. Son petit-fils, Shah Jahan, construisit le Taj Mahal, point d'orgue de la fusion des architectures indienne et islamique.

ŒUVRES CLÉS

↑ **Taj Mahal, Agra, Inde, 1630-1653**
Vision chatoyante de marbre blanc marqueté, d'incrustations de pierres précieuses et semi-précieuses, entouré d'un jardin traditionnel, le Taj Mahal est l'hommage rendu par Shah Jahan à son épouse bien-aimée, Mumtaz Mahal. Considéré comme le plus beau mausolée moghol, il est l'édifice le plus célèbre produit par l'architecture indienne et l'incarnation de sa capacité à mêler des traditions et des influences d'origines diverses.

← **Hawa Mahal, Jaïpur, Rajasthan, Inde, 1799**
Ce « palais des vents » appartient au palais du maharaja, le City Palace. Bien qu'il soit utilisé pour un prince rajpoute, le *jali* (claustra de pierre ajourée) était une innovation moghole, destinée à faciliter et à accélérer la circulation de l'air à l'intérieur du bâtiment sans laisser pénétrer le regard et donc parfaitement appropriée aux quartiers des femmes.

AUTRES ŒUVRES

INDE Mohenjo-Daro et Harappa, vallée de l'Indus, milieu du IIIe millénaire av. J.-C. ; Qutb Minar, Dehli, 1199 ; Fatehpur Sikrî, Agra, 1569-1580 ; tombe d'Humayun, Dehli, 1585 ; palais d'Amber, Rajasthan, 1623 -1668 ; Janta Mantar, Rajasthan, 1726 -1734

indo-khmer ; confucianisme ; architecture islamique ; régionalisme

néoclassicisme ; style international

Le protoclassicisme

Les civilisations minoenne (Crète) et mycénienne (péninsule hellénique) étaient autrefois considérées comme des cultures mystérieuses, sans lien avec les cultures avoisinantes. Aujourd'hui, on dispose de preuves attestant que ces civilisations furent en fait les précurseurs du classicisme grec. Malgré de notables différences sur le plan architectural, les édifices ont évolué simultanément avec les premiers frémissements de la mythologie et de la langue classiques.

appareil cyclopéen ; tombeau ; défense ; cité-État

Dans les années 1950, Michael Ventris démontra que l'écriture linéaire B trouvée sur de nombreuses tablettes du palais de Cnossos, en Crète, était une forme archaïque du grec ancien. Cette découverte ouvrit la voie à de nouvelles interprétations des diverses cultures de Méditerranée orientale qui précédèrent le classicisme grec et prouva que celui-ci en était une évolution. Les sites de la culture égéenne disséminés dans les îles et sur le continent sont particulièrement intéressants, notamment Cnossos et Mycènes qui s'épanouirent au milieu du IIe millénaire av. J.-C. Des aspects de

leur histoire et de leur civilisation subsistent dans l'*Iliade* et l'*Odyssée* d'Homère.

Les rapports entre la construction et la décoration, de même que la destination de ces bâtiments protoclassiques, diffèrent des constructions de l'époque classique grecque à de nombreux égards. Les principaux vestiges sont des palais, des citadelles fortifiées qui ont évolué sur de longues périodes. Ils sont distribués en espaces ouverts et fermés, et il est probable que l'accent ait été mis davantage sur les enceintes et les intérieurs que sur l'extérieur des édifices en tant qu'espaces publics, à l'instar des temples classiques.

L'agencement semble davantage répondre à des besoins pratiques qu'à un modèle géométrique abstrait. La plupart des bâtiments sont réalisés en maçonnerie ordinaire et la peinture constitue la décoration intérieure la plus courante. Dans la citadelle de Mycènes, on peut voir encore les vestiges des fortifications, le palais et, surtout, la porte des Lionnes, une sculpture représentant deux lionnes de part et d'autre d'une colonne qui repose sur le linteau de la porte. Ce jalon symbolique confère peut-être un rôle rituel ou mythique à un élément essentiel de l'édifice, à savoir le point d'entrée. Bien que de facture encore fruste, cette architecture est un signe avant-coureur de l'équilibre entre la structure, la décoration et la fonction, propre au classicisme.

ŒUVRES CLÉS

← Le palais du roi Minos, Cnossos, Crète, Grèce, antérieur à 1400 av. J.-C.
La civilisation crétoise dite minoenne annonce le classicisme grec. C'est ce qui fut démontré grâce aux recherches menées sur l'écriture linéaire B gravée sur des tablettes trouvées au palais de Cnossos et qui constitue une forme archaïque du grec ancien. Également marqué par l'influence égyptienne, ce palais est un point important de fécondation réciproque entre les anciennes civilisations du bassin méditerranéen oriental.

↑ La porte des Lionnes, Mycènes, Grèce, v. 1250 av. J.-C.
Le linteau géant de la célèbre porte des Lionnes accueille un panneau décoratif triangulaire qui deviendra une caractéristique de l'architecture grecque. Il constitue l'entrée monumentale de la citadelle de Mycènes dont la muraille est un appareil cyclopéen d'un périmètre de 900 m et d'une épaisseur moyenne de 5 m.

AUTRES ŒUVRES

GRÈCE palais de Phaestos, Crète, 1500 av. J.-C. ; trésor d'Atrée, Mycènes, v. 1300-1200 av. J.-C.

préclassicisme ; classicisme grec ; classicisme

gothique ; rococo

À la base de la civilisation grecque, le classicisme introduisit de nouveaux degrés de sophistication dans l'expression architecturale. Il établit en particulier un rapport entre les croyances mythiques et la vie quotidienne en associant des phénomènes naturels comme la gravité à des descriptions de la mythologie classique. Cette alliance renforça le sentiment que le système de croyances de la société s'ancrait dans la réalité.

ordre ; proportion ; entablement ; *entasis* ; placement ; *polis* ; sacrifice ; rituel

Quand, au milieu du ve siècle av. J.-C., le Parthénon fut bâti, il existait déjà des édifices plus imposants et de plus grands exploits avaient déjà été réalisés en matière de construction. Cependant, aucun n'a la même puissance symbolique, culturelle et intellectuelle. Le classicisme grec a fasciné quasiment toutes les générations depuis lors et a inauguré une tradition qui a duré environ 2500 ans. Il démontre par là que les dimensions et l'innovation technique, aussi importantes soient-elles, ne suffisent pas pour conférer le statut le plus prestigieux à une œuvre architecturale et qu'un édifice doit également agir sur l'esprit et les émotions.

Les ordres classiques des colonnes – dorique, ionique et corinthien – sont les clés de l'architecture hellénique. Leurs origines se perdent dans la mythologie, mais ils correspondent à des règles précises de proportion et d'ornementation. Cette combinaison leur permet d'évoquer les

ŒUVRES CLÉS

◂ Le Parthénon, Athènes, Grèce, 447-432 av. J.-C.

La formule du temple classique à enceinte extérieure de colonnes et doté d'un fronton sur ses deux façades trouve peut-être ses origines dans des constructions antérieures mais, au ve siècle av. J.-C., elle était incroyablement sophistiquée. Chaque élément reflète sa fonction autant qu'un sens symbolique et est conçu de façon à corriger les illusions d'optique.

traditions culturelles et les croyances tout en étant soumis à des principes théoriques stricts. De nombreux éléments illustrent cette dualité ; ainsi, les colonnes sont-elles légèrement bombées, comme si elles étaient serrées à la base avant de s'affiner en atteignant le chapiteau pour exprimer la fonction de support. Dans la mythologie, le dorique représente l'homme, tandis que l'ordre ionique illustre la femme dans sa maturité, et le corinthien la jeune fille vierge. La correspondance des proportions et des formes avec les fondements de l'univers naturel est à la base des règles et des traditions des ordres grecs.

Bien que chacun des ordres présentent des différences, ils partagent tous le même équilibre entre le fait et la suggestion. Par exemple, la frise dorique du Parthénon alternait les métopes, sculptures représentant souvent des scènes mythologique, et les triglyphes, blocs verticaux alignés selon l'ordre des colonnes.

AUTRES ŒUVRES

GRÈCE Olympie, à partir de 590 av. J.-C. ; Corinthe, à partir de 540 av. J.-C. ; Delphes, à partir de 510 av. J.-C. ; Théséion (Héphaistéion), Athènes, 449-444 av. J.-C. ; temple d'Athéna Niké, Athènes, 427 av. J.-C. ; Erechtéion, Athènes, 421-405 av. J.-C.

ITALIE Plusieurs temples à Sélinonte, Sicile, 550-450 av. J.-C. ; temples de Paestum, près de Naples, 530-460 av. J.-C. ; plusieurs temples à Agrigente, Sicile, 510-430 av. J.-C. ; temple de Ségeste, Sicile, 424 -416 av. J.-C.

protoclassicisme ; classicisme romain ; néoclassicisme ; architecture shintoïste

architecture chrétienne ; gothique ; indo-khmer

Amphithéâtre de Ségeste, Sicile, Italie, IIIe s. av. J.-C. Par le biais de l'art dramatique, les Grecs essayaient de comprendre les forces naturelles, l'emplacement des théâtres était donc aussi important que les pièces que l'on y jouait. Les bancs en gradins incurvés tournés vers la scène sont caractéristiques et parfaitement appropriés aux représentations rituelles. Avec ses 63 m de diamètre, Ségeste est un petit amphithéâtre, mais le lien entre le drame humain et la nature reste patent.

L'architecture confucianiste

L'architecture est l'un des éléments d'unification de la culture chinoise, qui varie peu malgré l'immensité du territoire et les énormes différences de climat et de paysages. Cette permanence est en partie due à l'emprise du confucianisme qui prônait l'ordre social et moral.

ordre ; harmonie ; cosmos, autorité ; culte des ancêtres

La philosophie confucéenne met l'ordre et la hiérarchie au-dessus de toutes choses et son influence tentaculaire dans la culture chinoise pendant des millénaires a permis de maintenir une remarquable homogénéité dans ce vaste pays et parmi ses nombreux peuples. Cette influence se révèle au niveau de l'architecture dans la continuité entre les bâtiments d'époques différentes, qui reflète un système de croyances stable, et dans la façon dont les bâtiments et l'urbanisme transcrivent et véhiculent la cosmologie et la hiérarchie confucéenne. Les quatre points cardinaux ont une signification mythologique qui permet de relier les énergies et sont la base du *feng shui*.

Le confucianisme accorde une grande importance aux temples et aux palais et, par-dessus tout, aux structures qui symbolisent le lien impérial entre le Ciel et la Terre du fait de la conviction que l'empereur est le fils du Ciel et qu'une obéissance aveugle lui est due. Les maisons individuelles et les villes dans leur totalité partagent les mêmes principes d'ordre et de régularité.

À l'extérieur des villes, les ponts qui enjambent une multitude de cours d'eau, souvent de conception audacieuse, attestent l'ancienneté des voies de communication entre les différentes régions de l'empire.

Le toit était un élément capital de l'architecture chinoise ; en avancée et recourbé vers le ciel, il était souvent extrêmement sophistiqué. La construction débutait par la charpente qui déterminait l'emplacement des colonnes. Le bois était le matériau de construction le plus communément employé, complété par des briques, des tuiles et de la pierre dans les régions où il était facile de se la procurer. Au XVIIIe siècle, quand les voyageurs européens commencèrent à fréquenter régulièrement la Chine, l'alliance des édifices à l'allure exotique et des paysages grandioses inspira fortement les nouveaux courants esthétiques.

La stabilité sociale et politique permit à la Chine d'assimiler les influences venues de l'extérieur, le bouddhisme étant la plus importante. Cependant, depuis des temps reculés, le commerce, notamment celui de la soie, avait engendré des contacts avec l'Europe. Ce qui ne pouvait être assimilé était considéré comme barbare et la volonté de tenir ces barbares à distance fut à l'origine de la plus grande prouesse architecturale chinoise, la Grande Muraille. Longue de 2 260 km, elle fut construite par étapes successives à partir de 214 av. J.-C. pour protéger la frontière septentrionale du pays.

ŒUVRES CLÉS

← **La Grande Muraille de Chine, 214 av. J.-C.**
Elle s'étend sur 2 260 km et suit la topographie naturelle de la frontière septentrionale de l'ancien empire de Chine. La Grande Muraille est une démonstration éclatante de la séparation entre la civilisation et la barbarie.

↓ **Le temple du Ciel, Beijing, Chine, 1420**
Cet ensemble de bâtiments était le lieu où l'empereur venait prier le Ciel d'accorder de bonnes récoltes. La salle de prières circulaire (à droite) est typique de l'architecture chinoise en bois ainsi que de son symbolisme ; 28 piliers représentent 28 constellations, les 4 plus grandes colonnes représentent les saisons, les 12 du milieu, les mois et les 12 extérieures avec les 12 du milieu, les 24 divisions de la journée chinoise traditionnelle.

AUTRES ŒUVRES

CHINE pagode Sud, Fangshan, Hopei, 117 apr. J.-C. ; pagode de l'Oie sauvage, Xi'An, Shaanxi, 701-705 ; Palais impérial, Cité interdite, Beijing, 1407 -1420

architecture hindouiste ; indo-khmer ; architecture shintoïste ; pittoresque

classicisme grec ; gothique

Le classicisme romain

Les Romains partageaient de nombreuses croyances avec les Grecs. Cependant, leur empire devenant de plus en plus vaste, la société était inévitablement plus complexe à gérer et exigeait des bâtiments plus diversifiés, remplissant davantage de fonctions, dans des lieux plus variés.

empire ; pouvoir ; arc ; coupole ; intérieur

À l'exception des ordres classiques – dorique, ionique et corinthien – qu'elles partagent, les architectures romaine et grecque sont très différentes. Alors que les cités grecques sont sous-tendues dans leur conception par une pensée symbolique, le plan des villes romaines suivent en général le quadrillage d'un camp militaire. En matière de construction et de décoration, les deux architectures sont encore plus dissemblables. Les Romains introduisent l'arc et, par la suite, la coupole qui permettent de moduler et d'augmenter l'espace. Ces avancées architecturales ouvrent la voie à des agencements complexes, à l'instar des thermes de Caracalla et de la villa d'Hadrien.

L'architecture romaine associe également les ordres avec une liberté qui aurait choqué les Grecs car elle va à l'encontre de leur vision d'un monde statique. Par exemple, le plan du Colisée, immense structure que les Grecs n'auraient jamais envisagée, est un ovale dont les quatre étages superposent les trois ordres antiques, dorique, ionique et corinthien, auxquels s'est ajouté ultérieurement un ordre composite. Les trois étages inférieurs, quant à eux, alternent les arcs et les colonnes.

Entité plus complexe, plus étendue et plus durable que les cités-États grecques, l'Empire romain requérait davantage de bâtiments d'un type nouveau et devait relever des défis architecturaux de taille, comme la construction de routes et le transport de l'eau. Les Romains créèrent en

outre des édifices destinés à célébrer des événements et des cérémonies, à l'instar de l'Arc de triomphe sous lequel passait l'empereur victorieux.

En d'autres termes, l'architecture romaine a rompu le lien qui unissait si fortement la nature, la société et la mythologie chez les Grecs, mais ses formes et ses compositions plus libres ont révélé la capacité du classicisme à s'adapter à des sociétés et des objectifs différents.

ŒUVRES CLÉS

← Le Colisée, Rome, Italie, 70-82 apr. J.-C.

Vaste ellipse de près de 200 m de long percée de 80 arches géantes, cet amphithéâtre pouvait contenir 50 000 spectateurs, en plus des animaux sauvages et des gladiateurs. Son architecture sophistiquée, adaptant les ordres classiques et les intégrant dans une arcade, témoigne du monumentalisme atteint par l'architecture romaine et destiné à renforcer le régime impérial.

↑ Villa d'Hadrien (villa Hadriana), Tivoli, Italie, 124 apr. J.-C.

L'architecture romaine reflétait l'homogénéité de l'empire et cette villa impériale était une illustration de ses diverses traditions, une sorte d'« instantané » du monde connu. Ses différentes parties sont juxtaposées selon la configuration du lieu et non selon un agencement axial. L'« île » (ci-dessus) est entourée de pièces de formes variées, réunies par une colonnade circulaire centrale.

AUTRES ŒUVRES

ITALIE théâtre de Marcellus, Rome, 21-13 av. J.-C. ; Pompéi, détruite en 79 apr. J.-C. ; arc de Titus, Rome, 82 apr. J.-C. ; Panthéon, Rome, 118-126 ; temple de Vesta, Rome, 205 apr. J.-C. ; thermes de Caracalla, Rome, 211-217 ; Forum, Rome, Ier siècle av. J.-C.-IVe siècle apr. J.-C.

classicisme grec ; architecture chrétienne

architecture shintoïste ; gothique

L'architecture précolombienne

L'Amérique précolombienne a vu s'épanouir plusieurs civilisations distinctes dont les conquêtes européennes ont interrompu le cours sans pour autant les effacer. Au siècle dernier, leurs valeurs culturelles ont suscité l'intérêt et les découvertes archéologiques ont permis à ces civilisations d'influencer les conceptions architecturales contemporaines.

monumentalisme ; rituel ; sacrifice ; cosmologie

Au moins deux grandes traditions architecturales s'étaient épanouies en Amérique avant que les Européens n'atteignent le continent, peu avant 1500.

En Amérique centrale, la civilisation maya était un prolongement de la culture olmèque antérieure et laissa son empreinte sous la forme de nombreuses pyramides à degrés, temples entourés d'une enceinte qui accentuait leur caractère monumental. Les Aztèques développèrent les formes architecturales mayas et les adaptèrent à de nouveaux rites religieux sanguinaires. La maçonnerie appliquée à tous les édifices importants était sophistiquée mais peu variée ; les arches, par exemple, étaient inconnues à cette époque. En revanche, l'encorbellement était très élaboré, ainsi que les sculptures stylisées et géométriques.

Plus au sud, dans la région couverte *grosso modo* par l'actuel Pérou, la civilisation inca prospéra pendant le millénaire précédant la conquête espagnole de 1532. Elle prit son essor dans le cadre d'un empire très centralisé, doté d'un ordre social hiérarchique rigide. Ses monuments reflètent sa croyance en une parenté de l'Inca (empereur) avec le dieu du Soleil. Ainsi, les temples étaient-ils orientés de façon à capter la lumière du soleil à des moments précis correspondant à des cérémonies rituelles. La décoration était généralement simple, mais la maçonnerie d'excellente qualité. Entre les Andes et l'océan Pacifique, le matériau de construction le plus couramment employé était la brique d'argile séchée au soleil et, bien entendu, la pierre qui abondait dans les montagnes. Le génie civil représentait une proportion importante des travaux de construction des Incas, notamment les routes qui permettaient l'administration d'un vaste empire et les terrasses taillées à flanc de montagne pour créer des aires cultivables.

Les Indiens Pueblos développèrent une tradition architecturale beaucoup plus simple dans le sud-ouest actuel des États-Unis. S'ils employaient le plus souvent des briques de boue qui s'érodaient avec le temps, le vaste complexe d'habitations de Pueblo Bonito (Nouveau-Mexique) est quant à lui formé de pierres locales remarquablement travaillées.

ŒUVRES CLÉS

→ Machu Picchu, près de Cuzco, Pérou, v. 1500
Peu avant la conquête de leur empire par les Espagnols, en 1532, les Incas avaient construit cette cité dans un site montagnard grandiose. Les édifices et les terrasses à vocation agricole attestent de leurs compétences de bâtisseurs et l'orientation des temples vers le soleil reflète le rôle de celui-ci dans un ordre social intimement mêlé au religieux.

AUTRES ŒUVRES

MEXIQUE pyramide du Soleil, Teotihuacán, v. 250 ; citadelle, Teotihuacán, v. 600 ; temple des Guerriers, Chichén Itzá, v. 1200 ; Jeu de pelote, Chichén Itzá, v. 1200

PÉROU porte du Soleil, Tiahuanaco, v. 1000-1200 ; Cuzco, 1450-1532 ; Cuzco, 1450-1532 ; Sacsayhuamán, v. 1475

préclassicisme ; protoclassicisme ; indo-khmer

gothique ; néoclassicisme

↑ Temple 1, Tikal, Guatemala

Les Mayas plaçaient leurs temples au sommet de pyramides à degrés. Celui-ci est tout à fait caractéristique. Une volée de marches simples conduit au temple, à 30 m de hauteur, sur 10 étages. La structure travaillée du temple posé sur cette pyramide massive accentue le caractère monumental de l'ensemble.

L'architecture shintoïste

Le *shintô*, « voie des dieux », est un ancien système de croyances japonais prônant le culte des ancêtres et de la nature. Il a conservé un rôle important dans la culture japonaise et constitue un socle pour l'assimilation des influences étrangères.

légèreté ; délicatesse ; artisanat ; nature

Le Japon cultive un équilibre entre nature et culture qui sous-tend la majeure partie de son architecture. La topographie naturelle offre des cadres fabuleux de montagnes, de lacs, de falaises et d'océan. La tendance culturelle à l'isolationnisme a bloqué toute influence étrangère du début du XVIIe au milieu du XIXe siècle. Une fois introduites au Japon, les conceptions architecturales se sont donc développées indépendamment des traditions nationales.

L'ancien système de croyances *shintô* façonna les pratiques japonaises du culte des ancêtres et de la nature sans créer une identité architecturale spécifique. Le bouddhisme, arrivé de Chine au VIe siècle, donna un élan à la construction, ce qui explique les similitudes entre les architectures chinoise et japonaise. Cependant, l'architecture japonaise développa sa personnalité propre tout en adoptant la structure en bois chinoise et la prédominance

ŒUVRES CLÉS

← Torii flottant, Itsukushima-Jinja, Miyajima, Japon, XIIe siècle
Le shintoïsme est une religion polythéiste prônant le culte de la nature et son architecture est une recherche d'équilibre entre l'artifice et le naturel. Ce portique relie symboliquement les sommets des montagnes et la mer et semble les rapprocher en encadrant le paysage. Le sanctuaire, composé de plusieurs bâtiments, fut fondé par Taira no Kiyomori, personnage le plus puissant du Japon de l'époque.

↓ Villa impériale, Katsura, Japon, Kobori Enshu, 1620
Le prince Toshihito, jeune frère de l'empereur de l'époque (Goyozei), s'inspira d'un roman du Xe siècle, *Le Dit du Genji*, pour concevoir ce complexe. L'architecture vise à la simplicité et à une relation intime avec la nature dans les tableaux qu'offre l'organisation du paysage. Au XXe siècle, les modernistes européens y virent l'essence de la tradition japonaise.

AUTRES ŒUVRES
JAPON sanctuaire *shintô* de Kamiji-Yama, Ise, 701 ; Palais impérial, Nara, VIIIe s. ; temple de Kasuga, Nara, à partir de 768

du toit. L'art décoratif atteignit un haut degré de raffinement et la composition architecturale commença à exploiter le subtil équilibre entre symétrie et asymétrie. Certains types d'édifices évoluèrent pour répondre aux besoins de rites japonais comme la cérémonie du thé.

L'architecture japonaise acquit progressivement un sens de la composition extrêmement raffiné : chaque élément ayant un emplacement et une taille bien déterminés mais dépendant d'une interaction complexe entre tous les composants, et non d'un sens abstrait de la symétrie ou de la géométrie. Ainsi, ordre naturel et ordre social semblent fusionner.

architecture confucianiste ; mouvement dit du « métabolisme »; indo-khmer

préclassicisme ; classicisme grec

L’architecture chrétienne

Le christianisme avait déjà presque trois siècles quand les Romains l’adoptèrent comme religion officielle, ce qui allait avoir un impact considérable sur l’architecture et l’urbanisme de l’empire. Pendant des siècles de répression, la foi et les pratiques chrétiennes s’étaient affermies mais, pour des raisons de sécurité, les lieux de culte devaient rester secrets. L’architecture classique était certes monumentale, mais elle se fondait sur des croyances païennes. Le défi consistait donc à inventer une architecture monumentale et chrétienne.

christianisme ; catholicisme ; orthodoxie ; doctrine ; martyrologie ; simplicité ; décoration figurative

Les premières églises chrétiennes ne pouvaient de toute évidence être bâties sur le modèle des temples. En revanche, les grandes structures à coupole de la Rome impériale ne manquaient pas d'intérêt. Elles permettaient de créer de vastes volumes capables d'accueillir de nombreux fidèles. Leur géométrie circulaire pouvait être perçue comme un symbole de l'unité et de la perfection de Dieu. De surcroît, leur forme induisait un sentiment de mystère grâce à des jeux de lumière identiques à ceux produits par l'oculus au sommet du dôme du Panthéon (118-126 apr. J.-C.). Par ailleurs, ce type d'architecture présentait des analogies avec les espaces sépulcraux familiers aux chrétiens. À partir du début du VIe siècle, de grandes églises à coupole comme Sainte-Sophie de Constantinople (la nouvelle Rome « chrétienne ») et San Vitale de Ravenne utilisèrent les motifs classiques sous des formes essentiellement nouvelles, leurs grands murs offrant tout l'espace nécessaire à des décorations en mosaïque sur des thèmes sacrés.

Ce type d'architecture continua d'évoluer après le schisme d'Orient. Les espaces en dôme, centralisés, convenaient aux pratiques mystiques et liturgiques de l'orthodoxie et la cathédrale Saint-Basile (1554) de Moscou, avec ses cinq clochers en bulbe, en est un fleuron. Plus normative dans sa liturgie, la tradition catholique mit l'accent sur le rôle d'intercesseur du clergé. Le plan longitudinal et la nef reliant l'entrée principale à l'ouest et le maître-hôtel à l'est lui convenaient mieux. Vers 1100, de nombreuses églises romanes suivant ce plan furent édifiées dans toute l'Europe occidentale ; elles témoignaient de leur ascendance « romaine » par des arches rondes et quelques rares détails classiques.

ŒUVRES CLÉS

↑ **Cathédrale de Durham, Angleterre, 1093 -1132**
Durham illustre l'apogée de l'architecture classique chrétienne, ou romane. À cette époque, les quelques traces de la filiation classique antique se résument à un volume extérieur massif et des arches arrondies à l'intérieur.

← **Sainte-Sophie, Istanbul, Turquie, 532-537**
Cette église massive et de conception ingénieuse fut un sommet de la forme byzantine du classicisme chrétien. L'espace intérieur ayant plus d'importance dans les églises que dans les temples où l'espace extérieur était prioritaire, l'arche et la coupole du classicisme romain ont été adaptées au symbolisme chrétien, entre autres celui de la lumière et de l'ascension vers le ciel.

AUTRES ŒUVRES

ITALIE San Stefano Rotondo, Rome, 468-483 ; basilique Saint-Marc, Venise, 1063 -1085

GRANDE-BRETAGNE chapelle St John, tour de Londres, 1086-1097 ; Abbaye de Saint-Albans, 1077 -1115

TURQUIE Saint-Serge et Saint-Bacchus, Istanbul, 525-530 ; Saint-Sauveur-in-Chora, Istanbul, 1050

classicisme romain ; gothique

classicisme grec ; néoclassicisme

L'architecture islamique

L'architecture islamique s'articule autour de la mosquée qui, à la différence de l'église, n'est pas une représentation du divin mais un outil facilitant les devoirs des fidèles. En tant que tel, elle n'est pas seulement un lieu de culte, mais également un lieu de rencontre et d'échange d'idées, mêlant intimement vie quotidienne et pratiques religieuses.

géométrie ; axe ; symétrie ; arc en ogive ; voûte ; décoration

Au début du VIIe siècle, l'Islam se répand rapidement, à partir de la péninsule arabique, dans le Moyen-Orient, l'Afrique du Nord et pénètre en Europe occidentale en passant par la péninsule ibérique. On rencontre ses plus grands monuments en des lieux aussi éloignés que l'Espagne et l'Inde. La clarté directe de son message lui assure un large succès et il entre rapidement en contact avec de multiples cultures.

Les mosquées associent des activités qui, en Occident, sont réparties entre divers bâtiments. Leur organisation générale vise à un équilibre entre les différentes parties selon un concept abstrait de création parfaite. Leur conception ne répond à aucune contrainte, excepté le fait que les fidèles doivent prier en direction de La Mecque et qu'une niche soit réservée à l'imam pour conduire les prières. Cependant, l'interdiction de représenter la nature dans l'espace sacré a abouti à une décoration stylisée et a stimulé la créativité dans l'élaboration de motifs géométriques. Ainsi, la personnalité architecturale de la mosquée islamique est issue de la répétition d'éléments simples mais parfois richement ornés comme les colonnes, les minarets à l'extérieur et les coupoles empruntées à d'autres cultures.

ŒUVRES CLÉS

Grande Mosquée, Cordoue, Espagne, 785-987

Agrandie à plusieurs reprises, la Grande Mosquée est un témoignage de l'introduction des cultures locales dans l'architecture islamique. Ces transformations influencèrent ultérieurement l'ère gothique. L'aspect répétitif de ce volume intérieur grandiose ne manque pas d'inventivité. Un étage de colonnes classique en supporte un autre, surmontés d'arcades et de voûtes plus ou moins élaborées.

La taille des mosquées est extrêmement variable, les plus grandes comprenant souvent une école et des logements pour les pèlerins et ajoutant à leur rôle originel la fonction de lieu de commerce et d'échanges d'idées. En effet, le monde islamique entretenait une tradition d'érudition et avait beaucoup à transmettre à l'Europe médiévale, des copies des textes classiques de l'Antiquité aux idées neuves dans des domaines aussi variés que la médecine ou les mathématiques.

↑ Mosquée Bleue, Istanbul, Turquie,
SEDEFKAR MEHMET AGA, 1610-1616
Au fur et à mesure que l'Empire ottoman se substituait à l'Empire byzantin, ses architectes incorporaient à leurs mosquées les coupoles caractéristiques des églises orthodoxes. Aga s'inspira des plus beaux édifices byzantins, entre autres Sainte-Sophie toute proche, et associa une série de coupoles et 6 minarets pour créer une sensation de jaillissement vers le ciel.

AUTRES ŒUVRES

MOYEN-ORIENT dôme du Rocher, Jérusalem, Israël, 684 ; mosquée al-Aqsa, Jérusalem, Israël, 705 ; Grande Mosquée, Damas, Syrie, 706-715 ; mosquée al-Azhar, Le Caire, Égypte, 970

ESPAGNE ville de Madinat al-Zahra, près de Cordoue, Espagne, 936 apr. J.-C. ; palais de l'Alhambra, Grenade, 1338-1390

gothique ; architecture hindouiste

classicisme grec ; néoclassicisme

L'architecture indo-khmère

Les religions indiennes, l'hindouisme et le bouddhisme, ont inspiré de grandes traditions architecturales qui se sont diffusées dans le Sud-Est asiatique. Leurs panthéons et leurs textes religieux foisonnants furent immortalisés dans des édifices aux sculptures somptueuses dont l'emplacement et l'agencement reflétaient également leur cosmologie.

décoration ; ordre ; échanges culturels ; cosmologie

Nés en Inde, l'hindouisme et le bouddhisme se propagèrent et véhiculèrent leur architecture en Asie du Sud-Est à partir du IIIe siècle av. J.-C. En se mêlant aux cultures autochtones, ils donnèrent naissance à des traditions distinctes mais apparentées. L'une des plus importantes parmi celles-ci est la civilisation khmère située sur le territoire du Cambodge

actuel. Quasiment enfouis dans la jungle puisqu'ils n'ont été découverts qu'au cours des cent dernières années, ces temples aux formes et à l'agencements extraordinaires ont contribué à former une nouvelle esthétique.

Au IXe siècle av. J.-C., divers États khmers furent réunis sous l'autorité d'un roi unique. Au cours des six siècles suivants, de nombreux ensembles furent édifiés sur le site d'Angkor (300 km^2), dont le plus majestueux est le temple d'Angkor Vat, construit au XIIe siècle. C'est le seul ensemble qui n'ait pas été envahi par la jungle entre le XVIe et le XXe siècle.

L'architecture devint l'art le plus important de la culture khmère car elle était le seul moyen d'expression permettant de surajouter un sens symbolique à la fonction évidente de ces structures monumentales. Le contrôle de la distribution d'eau permettait la centralisation du pouvoir. On compte plusieurs réservoirs géants. Chaque bassin était doté d'un temple, souvent une île en son milieu, qui doublait l'objectif pratique d'un sens religieux.

L'architecture khmère était cosmologique. Chaque édifice était un microcosme symbolique dont la composition et la décoration raffinées évoquaient les mythes khmers de la création. Le sanctuaire central d'Angkor Vat se dresse sur une plateforme entourée de soubassements concentriques tel le mont Meru, symbole cosmique, jaillit du cœur du continent central, lui-même entouré de six continents et sept océans. Un mur de pierre l'encercle complètement. Chaque élément, volume imposant ou petit détail décoratif, a une place et une fonction déterminées et l'objectif de l'ornementation est de renforcer le statut et le message mythologique de chacun à travers une représentation naturaliste.

ŒUVRES CLÉS

← **Angkor Vat, Cambodge, début du XIIe siècle**
Dédié au dieu indien Vishnu, le nouveau temple d'Angkor fut construit par Suryavarman II. Dominé par son sanctuaire central entouré de quatre tours plus basses et d'une enceinte extérieure de quatre tours d'angle et d'une douve, son plan traduit une cosmologie concentrique et ses multiples niches et terrasses offrent tout l'espace nécessaire à des sculptures et bas-reliefs illustrant les textes sacrés.

↑ **Temple de Kandariya Mahadev, Khajuraho, Inde, 1017-1029**
La dynastie Chandella construisit une série de temples dans sa capitale, dont le plus grand et le plus élaboré est le Kandariya Mahadev. Décoré de milliers de statues illustrant des textes tantriques, il témoigne de la relation entre les rites religieux et le symbolisme architectural qui marqua la construction des temples dans tout le Sud-Est asiatique. Il abrite un shiva lingam, emblème de Shiva.

AUTRES ŒUVRES

INDE Khajuaro, divers temples, fin du IXe-XIe s. ; les temples de Tanjore (ou Tanjavur) et Rajarajesvara, IXe-XIIIe s.

CAMBODGE Plusieurs sites dans le parc d'Angkor, 802-1431 ; temple de Preah Ko, v. 880 ; temple de Preah Khan, fin du XIIe s.

architecture hindouiste ; architecture confucianiste ; gothique ; précolombien

classicisme grec ; néoclassicisme

Le gothique

Loin d'être en opposition absolue avec l'architecture classique, le gothique s'inspire des penseurs classiques comme Platon et Aristote et ses proportions présentent des analogies avec les édifices de la période classique. La différence réside dans la relation à la théologie chrétienne.

bible des illettrés ; lumière ; transcendance ; arc en ogive ; voûte ; vitraux

Les cathédrales gothiques furent conçues comme des représentations du ciel et, bien que l'architecture chrétienne antérieure ait eu la même ambition, les progrès techniques et la nouvelle pensée médiévale donnèrent une autre dimension à l'architecture gothique. L'arc en ogive et la voûte à nervures, empruntés à l'architecture islamique, modifièrent fondamentalement le rapport entre structure, apparence et fonction. De surface solide un mur pouvait se transformer en dentelle de pierre traversée par la lumière. Chaque partie de la structure semblait avoir une fonction spécifique. Les murs n'accueillaient plus de peintures ou de décorations incrustées qui étaient remplacé par des éléments en pierre sculptée.

Ces innovations techniques étaient conformes aux croyances religieuses médiévales. Le ciel était d'une perfection que la terre ne pourrait jamais atteindre, mais la pureté du raisonnement mathématique et la présence de la lumière communiquaient une part de beauté divine. La lumière entrant à flots par des vitraux de plus en plus raffinés, la taille et le rapport des nervures en différentes pierres gouvernés par des proportions mathématiques, tout dans l'architecture de l'époque offrait un aperçu du ciel sur la terre.

L'architecture gothique avait un lien profond avec la pensée scolastique qui représentait l'approche prédominante de la théologie et de la philosophie au Moyen Âge et les principes fondateurs de nombreuses universités européennes. L'un de ses objectifs était d'éclairer le lien entre la perfection céleste et l'imperfection terrestre. Il en découla des systèmes interprétatifs de plus en plus complexes. L'architecture, ancrée dans la réalité pratique mais figurant aussi un contact avec le divin, jouait un rôle essentiel de liaison entre le sentiment religieux et la vie quotidienne à travers ses niveaux de signification.

ŒUVRES CLÉS

← La Sainte-Chapelle, Paris, France,
PIERRE DE MONTREUIL, 1243-1248

Typiques du squelette de pierre gothique, les parois de la Sainte-Chapelle sont évidées au maximum, substituant le verre à la pierre. Les vitraux baignent également l'intérieur d'une luminosité transcendante qui, en dehors de tout autre effet, crée une ambiance radicalement différente de celle de l'extérieur.

↓ Cathédrale de Reims, France,
BERNARD DE SOISSONS, 1211-1290

Siège du couronnement des rois de France, la cathédrale de Reims a une place à part, y compris parmi les grandes cathédrales gothiques du nord de la France. Sa façade ouest est ornée de 500 sculptures disposées de façon à lier les saints français aux personnages de la Bible. À la différence des cathédrales anglaises, les cathédrales françaises n'étaient pas attachées à des monastères, mais étroitement intégrées au tissu social.

AUTRES ŒUVRES

FRANCE basilique de Saint-Denis, 1135-1144 ; cathédrale Notre-Dame de Paris, 1163-1250 ; cathédrale de Chartres, 1194-1260

GRANDE-BRETAGNE cathédrale de Canterbury, 1096-1185 ; cathédrale de Lincoln, 1129-1320 ; abbaye de Westminster, Londres, 1245-fin du XIVe siècle ; chapelle de King's College, université de Cambridge, 1446-1515

architecture chrétienne ; néogothique ; architecture islamique

classicisme grec ; néoclassicisme ; rationalisme

Le gothique profane

Le commerce international contribua à la propagation des idées à travers l'Europe. Il n'en émergea pas un courant architectural unique, mais les richesses créées favorisèrent la naissance d'une architecture séculière qui, à son apogée, rivalisa de magnificence avec les grandes cathédrales.

commerce ; internationalisme ; décoration ; invention

À la fin du Moyen Âge, le commerce international se développa et créa un réseau de contacts et d'échanges en Europe. Il constituait la deuxième force d'unification culturelle après l'Église catholique romaine entre des États disparates aux frontières variées. Alors que l'Église avait besoin de cathédrales et de monastères pour proclamer son message, l'activité commerciale donna naissance à des hôtels de ville et à des halles et, à la fin de cette période, à des demeures somptueuses témoignant de la prospérité des négociants.

À l'origine, l'architecture commerciale du Moyen Âge était plus étroitement liée aux spécificités de chaque région que le gothique international des grandes cathédrales. Les villes textiles prospères comme Lavenham dans le Suffolk (Angleterre) renfermaient de multiples maisons à charpente de bois qui se distinguaient

des fermes voisines par leur décoration raffinée plus que par leur conception. Mais les centres de commerce international tels que les Flandres, Venise et les villes hanséatiques du nord de l'Europe développèrent des styles architecturaux qui surpassèrent de loin les traditions régionales. La halle aux draps d'Ypres, en Belgique, donne une idée de l'ampleur du commerce entre l'Italie du Nord et l'Angleterre, et la grande porte fortifiée de Lübeck, en Allemagne, n'est pas seulement un témoignage de prospérité mais aussi de l'indépendance des cités marchandes par rapport à l'autorité royale.

Celle-ci atteignit son apogée à Venise qui créa un ordre social unique et dont la culture était plus proche de celle de ses partenaires commerciaux byzantins que de celle de ses voisins d'Europe occidentale. L'oligarchie marchande vénitienne élabora dans ses palais un style recherché, notamment dans le palais de leur dirigeant, le Doge.

ŒUVRES CLÉS

← **Palais des Doges, Venise, Italie, GIOVANNI et BARTOLOMEO BUON, 1309-1424**

Venise était l'une des cités marchandes les plus riches et les plus cosmopolites du Moyen Âge ; sa structure sociale et son contexte maritime uniques firent évoluer l'architecture gothique vers une expression raffinée mais soigneusement ordonnancée, suggérant la prospérité matérielle et de bien-être moral. Ici, l'arcade sur deux niveaux du palais des Doges offrait toute latitude de créativité en matière de sculpture.

↑ **La halle aux Draps, Ypres, Belgique, 1202-1304**

Les dimensions de cette halle (134 mètres de long), reconstruite après la Première Guerre mondiale, témoignent de la prospérité que conféra à Ypres et aux autres villes des Flandres le commerce international du drap à la fin du Moyen Âge. Malgré l'abondance de détails raffinés, l'harmonie se fonde ici dans la simplicité et la répétition, démontrant que la polyvalence de l'architecture gothique résidait autant dans sa diversité d'expression que dans sa capacité d'adaptation à des fonctions diverses.

AUTRES ŒUVRES

BELGIQUE halle aux Draps, Bruges, 1282 ; hôtel de ville, Bruges, à partir de 1376 ; hôtel de ville, Gand, 1515-1528

GRANDE-BRETAGNE Guild Hall, Lavenham, Suffolk, 1530 ; Market Cross, Salisbury, XIVe s.

néogothique ; victorien ; gothique

néoclassicisme

2

DE LA RENAISSANCE À L'ÈRE MODERNE

Le temps des inventions

Recherches, expérimentation et regain d'intérêt pour la culture classique caractérisent les débuts de la Renaissance. Cet esprit d'invention contribue à modifier la perception des bâtiments tandis que l'harmonie des proportions acquiert une prééminence absolue. Ce courant architectural a son équivalent en peinture où la perspective modifie le champ de la représentation picturale.

FILIPPO BRUNELLESCHI (1377-1446) ; LORENZO GHIBERTI (1378-1455) ; MICHELOZZO DI BARTOLOMMEO (1396-1472) ; LÉONARD DE VINCI (1452-1519)

innovation ; expérimentation ; défi ; nouveauté ; construction artisanale

Au début du XVe siècle, Florence est suffisamment prospère pour tenter ce qui, jusqu'alors, avait été impossible en matière de construction. Le symbole le plus éclatant de cet élan, symbole aussi de toute la Renaissance florentine, est la coupole de Santa Maria del Fiore, conçue par Filippo Brunelleschi. Structure gothique au début de son édification en 1296, la construction avait atteint en 1418 un point où il était impossible d'ignorer le problème de la portée de la croisée (jonction entre la nef et les transepts) de 42 m. Brunelleschi était orfèvre de métier mais avait étudié l'architecture romaine classique. Partant d'une base gothique, il mit au point d'ingénieuses techniques pour parvenir à réaliser ce qui allait devenir le plus grand dôme d'Europe lors de son achèvement en 1436. Bon nombre des solutions qu'il employa furent controversées, mais son succès démontra que de nouvelles méthodes de construction, empiriques, fournissaient des résultats impossibles à obtenir d'après les règles antérieures.

Pour l'essentiel, Brunelleschi expérimenta et appliqua avec ingéniosité la discipline classique. Son hôpital des Innocents présente une colonnade beaucoup plus convaincante que la Loggia dei Lanzi conçue dans sa jeunesse, quant aux chapelles San Lorenzo et San Spirito, elles intègrent le classicisme à un plan d'église gothique traditionnel. Ses amis Masaccio et Donatello redéfinirent la peinture et la sculpture dans le même esprit, et son disciple Michelozzo di Bartolommeo (connu sous le nom de Michelozzi Michelozzo) ouvrit la voie aux palais Renaissance avec son Palazzo Medici (palais Médicis) (1444-1459) en introduisant ordre et symétrie dans cet édifice majeur du style Renaissance.

La méthode de l'expérimentation et de l'étude scientifique, alliée au renouveau de l'enseignement classique, perdura tout au long de la Renaissance et atteignit son apogée avec les recherches de Léonard de Vinci sur des sujets tels que la morphologie et le vol humain ; ses carnets de notes contenaient les prémices de ce qui allait être la caractéristique de la Haute Renaissance, l'église à plan central.

ŒUVRES CLÉS

← **Basilica di Santa Maria del Fiore, Florence, Italie, FILIPPO BRUNELLESCHI, 1418-1436**
Le dôme conçu par Brunelleschi ne domine pas seulement la cathédrale mais tout l'horizon de la cité et même la vallée de l'Arno. Aucune coupole de cette dimension n'avait été élevée auparavant. Brunelleschi inventa de nouvelles techniques de construction en se basant sur sa connaissance des architectures gothique et romane.

↓ **Palazzo Medici (palais Médicis), Florence, Italie, MICHELOZZO DI BARTOLOMMEO, 1444-1459**
Famille de marchands et de banquiers qui dirigeait Florence au XVe siècle, les Médicis introduisirent avec ce palais un concept de vie urbaine totalement nouveau. Auparavant, les oligarques citadins vivaient dans des ensembles de bâtiments tentaculaires dont les dimensions proclamaient leur puissance et leur prestige. C'est moins par l'ampleur du projet que par la splendeur qui le fait rivaliser avec les grandes œuvres publiques que le *palazzo* permet d'afficher sa richesse et sa puissance.

AUTRES ŒUVRES

ITALIE Loggia dei Lanzi, Florence, 1376-1382 ; portes du Baptistère, Florence, LORENZO GHIBERTI, 1401-1424 ; Ospedale degli Innocenti (hôpital des Innocents), Florence, FILIPPO BRUNELLESCHI, 1419-1424 ; chapelle des Pazzi, Florence, FILIPPO BRUNELLESCHI, 1429-1446 ; chapelle Santo Spirito, Florence, FILIPPO BRUNELLESCHI, 1445-1482

rationalisme structural ; néoclassicisme ; humanisme ; idéalisme ; gothique

néogothique ; baroque ; rococo

Les motifs classiques ne disparurent jamais complètement de l'architecture italienne, mais l'intérêt porté par la Renaissance à l'enseignement classique suscita un souci d'exactitude quasi archéologique jamais atteint. L'humanisme lia intimement cet intérêt et la pensée néoplatonicienne qui privilégiait les formes et les proportions mathématiques pures. L'architecture devint ainsi une discipline intellectuelle autant que pratique.

LEON-BATTISTA ALBERTI (1404-1472) ; LUCIANO LAURANA (1420-1479) ; DONATO BRAMANTE (1444-1514)

Renaissance ; classicisme ; enseignement ; érudition ; proportion ; unité ; néoplatonisme

La pensée néoplatonicienne et les structures protoclassiques coexistèrent quelque temps, jusqu'à ce que Leon-Battista Alberti les réunisse dans ses édifices et ses traités, en particulier dans le *De re aedificatoria* où il précisa tous les outils conceptuels et méthodologiques qui devaient permettre à ses pairs de penser leur art de façon abstraite, sans perdre toutefois le lien avec la réalisation. Sa reconnaissance vis-à-vis du monde classique, le conduisait à placer la vertu civique au-dessus de tout. L'architecture, par son exactitude, était l'art de la Cité par excellence et devait s'exprimer par un ordre mathématique précis, capable de véhiculer des idées subtiles concernant les hommes, la société et leur relation au divin. Alberti utilisa les formes et les ordres classiques pour établir des hiérarchies : par exemple, l'arc de triomphe indiquait l'entrée d'une église. Par ailleurs, l'emploi spécifique des ordres ne signalait pas simplement l'importance d'un bâtiment mais aussi les statuts respectifs de ses différentes parties.

Florentin de naissance, Alberti passa une grande partie de sa vie à la cour papale et ses idées se propagèrent dans de nombreuses villes d'Italie du Nord. Federico Montefeltro fit de sa cour d'Urbino l'un des centres majeurs de l'enseignement humaniste à la fin du XVe siècle et fit appel à Piero della Francesca. Le dynamisme de son mécénat permit la création du palais ducal et de sa cour intérieure aux proportions élégantes, conçue par Luciano Laurana.

Donato Bramante se forma dans ce milieu humaniste d'Urbino. Ses œuvres architecturales de Milan et de Rome, où il commença la reconstruction de la basilique Saint-Pierre et acheva le tempietto de San Pietro in Montorio, déploient la synthèse la plus raffinée de l'enseignement classique et de la pensée néoplatonicienne.

ŒUVRES CLÉS

← **Tempietto de San Pietro in Montorio, Rome, Italie, DONATO BRAMANTE, 1502-1510**

La taille de cette petite église, située à l'emplacement de la crucifixion de saint Pierre, son plan circulaire ainsi que son austérité, illustrent une rigoureuse symbolique des nombres et des concordances de mondes telle que l'enseigna le néoplatonisme.

→ **Palazzo Ruccellai, Florence, Italie, LEON-BATTISTA ALBERTI**

Quelques années après l'édification du palais des Médicis, Alberti introduisit une nouvelle dimension dans la conception du palais en intégrant les ordres classiques dans la façade.

AUTRES ŒUVRES

ITALIE Palazzo ducale (palais ducal), Urbino, LUCIANO LAURANA, 1444-1482 ; Santa Maria Novella (façade), Florence, LEON-BATTISTA ALBERTI, 1456-1470 ; San Sebastiano, Mantoue, LEON-BATTISTA ALBERTI, 1459 ; Santa Maria delle Grazie, Milan, DONATO BRAMANTE, 1492-1497 ; Santa Maria della Pace (cloître), Rome, DONATO BRAMANTE, 1500-1504

idéalisme ; néoclassicisme ; classicisme grec ; classicisme romain

baroque ; rococo ; gothique

L'idéalisme

Les architectes de la Renaissance visaient la perfection à travers la synthèse idéalisée des formes physiques et des idées abstraites. La tâche était ardue aux endroits où ils n'avaient pas le contrôle absolu du cadre, et pratiquement impossible lorsque la nouvelle conception se juxtaposait à une plus ancienne, notamment s'il s'agissait d'un plan gothique considéré comme barbare. Très peu d'entre eux purent réaliser une « cité idéale », mais presque tous privilégièrent les édifices isolés, souvent à plan central.

ANTONIO DI PIETRO AVERLINO, dit LE FILARÈTE (v. 1400-1469) ; BERNARDO ROSSELLINO (1409-1464) ; ANTONIO DA SANGALLO (L'ANCIEN ET LE JEUNE, 1455-1534, 1485-1546) ; GIULANO DA SANGALLO (1445-1516)

proportion ; unité ; centralité

C'est Le Filarète qui le premier conçut une cité idéale qu'il baptisa Sforzinda, d'après le nom de son mécène, Francesco Sforza, duc de Milan. Sa cité était structurée par un réseau convergent de rues et de canaux qui reliaient méthodiquement les places, les palais, les remparts et les portes, les faisant également communiquer avec le reste du territoire.

Ce premier plan de ville symétrique de la Renaissance constitua un précédent pour de nombreux projets similaires. L'un des rares à atteindre le stade de la construction fut la cité de Pienza, du nom du village natal du pape Pie II, au sud de la Toscane. Conçue par Bernardo Rossellino, collaborateur de Leon-Battista Alberti, elle comporte deux palais destinés à la famille du pape et à l'évêque situés de part et d'autre de la cathédrale, autour d'une place au plan symétrique. L'hôtel de ville ferme le quatrième côté de la place. Cette disposition évoque

un équilibre raisonné entre les intérêts religieux, publics et privés et se veut l'illustration idéalisée de la structure sociale. Les cardinaux furent incités à construire leurs palais le long de la rue principale, même si quelques courbes naturelles « gâchaient » le caractère parfait de la perspective. La mort de Pie II en 1464 mit fin aux idéaux de Pienza. Les cardinaux retournèrent à Rome en laissant leurs palais inachevés.

Si les cités idéales étaient monnaie courante dans les traités d'architecture de la Renaissance, peu virent le jour. Pour la plupart des architectes, l'idéalisme s'incarnait dans des bâtiments individuels fondés sur des formes « idéales » ou platoniciennes censées avoir une relation privilégiée au divin ; ces formes étaient particulièrement adaptées aux églises où l'autel avait une position centrale. Cette conception était en opposition avec la pratique liturgique qui exigeait une longue nef afin que la congrégation soit face à l'autel mais ne l'atteigne pas. Le conflit entre un aménagement centralisé ou longitudinal provoqua de nombreux dilemmes. La basilique Saint-Pierre de Rome, depuis les plans centralisés de Bramante à l'exécution finale en passant par de multiples projets intermédiaires, en est une parfaite illustration.

↑ **Pienza, Italie, BERNARDO ROSSELLINO, 1458-1464**
Enea Silvio Piccolomini, en accédant au siège pontifical sous le nom de Pie II, conçut le projet de transformer Corsignano, son village natal, en une cité idéale, rebaptisée Pienza, selon l'idée que l'on pouvait métamorphoser un habitat rural en une ville en construisant une série d'édifices publics. Pienza illustre la valeur structurante d'un centre monumental capable d'intégrer tous les temps et lieux de la vie sociale.

ŒUVRES CLÉS

← **Madonna di San Biagio, Montepulciano, Italie, ANTONIO DA SANGALLO (l'Ancien), 1519-1529**
Antonio da Sangallo réalisa avec cette église l'idéal platonicien. L'édifice est une croix grecque à quatre bras égaux, l'un allongé en abside semi-circulaire, avec un tambour cylindrique surmonté d'une coupole hémisphérique située au-dessus de la croisée (point de jonction entre la nef et les transepts). Ses masses harmonieuses et sa sobre décoration incluent un minimum d'éléments classiques.

AUTRES ŒUVRES

ITALIE Santa Maria delle Carceri (Sainte-Marie des Prisons), Prato, GIULANO DA SANGALLO, 1485 ; Palazzo della Cancelleria (palais de la Chancellerie), Rome, ANONYME, 1486-1496

humanisme ; néoclassicisme

baroque ; néogothique ; gothique

Le maniérisme

L'adhésion rigoureuse aux préceptes de la Renaissance n'était pas toujours possible et des aménagements étaient parfois nécessaires pour répondre à des contingences pratiques. Au milieu du XVIe siècle, se déploie une intense production théorique qui débouche sur le maniérisme, solution trouvée par les architectes afin de se plier aux précédents classiques et les adapter dans la forme et dans le détail, pour des raisons pragmatiques autant que pour l'impact visuel. Ce courant orienta l'architecture humaniste, sobre, intellectuelle et austère, vers l'effet pittoresque.

MICHELANGELO BUINARROTI, dit MICHEL-ANGE (1475-1564) ; BALDASSARE PERUZZI (1481-1536) ; MICHELE SANMICHELI (1484-1559) ; JACOPO SANSOVINO (1486-1570) ; GIULIO ROMANO (1499-1546) ; ANDREA PALLADIO (1508-1580)

ornement ; liberté ; illusion ; inventivité dans le détail

Quand Michel-Ange devint l'architecte de la basilique Saint-Pierre de Rome en 1547 (voir photo page 42), la clarté de la vision originelle de Bramante avait déjà été perdue au fil des nombreuses versions qui s'étaient surajoutées. Michel-Ange inséra un second carré à 45° de celui de Bramante, créant une composition dynamique qui lui permettait d'incorporer les côtés ouverts et de créer des piliers assez importants pour supporter le tambour et le dôme énormes. Il plaça dans le tambour les côtés longs des fenêtres oblongues, à l'horizontale et non à la verticale, et les surmonta d'une coquille et d'un entablement, bon exemple de la pratique maniériste de mêler deux procédés de composition.

Le maniérisme se manifesta sous différentes formes. Né à Rome et élève de Raphaël, Giulio Romano travailla pour la famille Gonzague de Mantoue à partir de 1520. Il introduisit une série de ruptures avec les canons classiques dans le Palazzo del Te, son chef-d'œuvre, où le mélange de pilastres et de bossage, d'arcs et de frontons crée une alternance de rythmes. Une créativité extraordinaire s'y déploie sans jamais s'éloigner d'une conception large de la tradition classique, littéraire et architecturale, et s'épanouit dans un intérieur magnifique. Si le palais n'est doté d'aucun ornement architectural, il est entièrement décoré d'une fresque représentant des géants renversant l'ordre classique. De la même façon, Andrea Palladio, qui travailla peut-être avec Romano, repoussa les limites de la tradition classique pour y incorporer des procédés précédemment incompatibles avec elle.

L'illusion est également un élément clé dans le Palazzo Massimo de Rome, conçu par Baldassare Peruzzi. Confronté au problème d'un site irrégulier dans lequel il devait faire tenir un palais double destiné à deux frères, il incurva la façade pour suivre le tracé de la rue. Une série de trompe-l'œil est renforcée par le thème décoratif, introduction d'un principe qui atteindra son apogée à la période baroque, un siècle plus tard.

ŒUVRES CLÉS

→ **Basilique, Vicence, Italie, ANDREA PALLADIO, 1546-1549**

La première commande publique de Palladio consistait à recouvrir un bâtiment d'une arcade sur deux niveaux. La structure existante déterminait les dimensions et, pour s'y conformer, Palladio superposa divers procédés classiques – l'essence du maniérisme – pour atteindre une souplesse impossible à obtenir avec un seul ordre.

AUTRES ŒUVRES

ITALIE Biblioteca Laurentiana, Florence, MICHEL-ANGE, 1524 ; Capitole, Rome, MICHEL-ANGE, 1546 ; Palazzo del Te, Mantoue, GIULIO ROMANO, 1525-1535 ; maison de Giulio Romano, Mantoue, GIULIO ROMANO, 1544 ; Palazzo Massimo, Rome, BALDASSARE PERUZZI, 1532-1536 ; Biblioteca San Marco, Venise, JACOPO SANSOVINO, 1536-1553 ; Palazzo Thiene, Vicence, ANDREA PALLADIO, 1542 ; Palazzo Chiericati, Vicence, ANDREA PALLADIO, 1549 ; San Giorgio Maggiore, Venise, ANDREA PALLADIO, 1566 ; Il Redentore, Venise, ANDREA PALLADIO, 1576

baroque ; rococo ; classicisme romain ; le temps des inventions

classicisme grec ; idéalisme ; rationalisme

Le piétisme

Confrontée au XVIe siècle au double défi de reconquérir l'autorité perdue en Europe du Nord à la suite de la Réforme et d'incorporer les colonies espagnoles et portugaises dans son giron, l'Église catholique institua une série de mesure connues sous le nom de Contre-Réforme. Le piétisme illustre l'impact de ces mesures sur l'architecture, notamment la conception des églises.

JACOPO VIGNOLA (1507-1573) ; JUAN BATISTA DE TOLEDO (?-1567) ; CLAUDIO DE ARCINIEGA (1527-1593) ; JUAN DE HERRARA (1530-1597) ; GIACOMO DELLA PORTA (1537-1602) ; DOMENICO FONTANA (1543-1607) ; FRANCISCO BAUTISTA (1594-1679)

Contre-Réforme ; doctrine

La réaffirmation de la doctrine catholique au milieu du XVIe siècle exigeait un nombre accru d'églises. La nature de leur conception se vit transformée. De nouveaux ordres religieux, à l'instar des Jésuites, furent fondés à des fins missionnaires et pour faire respecter la Contre-Réforme. Par ailleurs, le concile de Trente codifia la doctrine et assigna à nouveau à l'art un rôle de « bible des illettrés ».

La peinture et la sculpture devaient illustrer des récits bibliques édifiants tandis que l'architecture avait pour mission de fournir les espaces indispensables aux nouvelles dévotions. Il en résulta un retour au plan médiéval en croix latine, avec une longue nef, deux transepts et une abside. À l'opposé du néoplatonisme de la Renaissance, cette conception offrait la séparation souhaitée du clergé et des laïcs et la longue nef procurait l'espace nécessaire aux chapelles latérales vouées à des saints. Cependant, même la liberté du maniérisme ne put résoudre le vieux problème de la création de frontons ouest classiques sur des églises essentiellement gothiques et il n'y a donc rien d'étonnant à ce que les premières tentatives aient été maladroites, à l'instar d'Il Gesu, église-mère des Jésuites à Rome.

L'Espagne, à forte population juive et dont certains territoires étaient islamisés, prit conscience de la force politique de la Contre-Réforme. Dans le domaine de l'architecture, ceci se traduisit par la transformation brutale de la magnifique mosquée de Cordoue en cathédrale, ce que même son instigateur, l'empereur Charles V, finit par regretter. Ailleurs en Espagne, une décoration inventive et narrative dissimulait la lourdeur des volumes ; el Escorial, palais austère et sinistre de Philippe II, à proximité de Madrid, dont le plan en forme de gril devait perpétuer le souvenir du martyre de saint Laurent, fait exception à cette règle.

ŒUVRES CLÉS

El Escorial (Escurial), province de Madrid, Espagne, JUAN BAUTISTA DE TOLEDO et JUAN DE HERRERA, 1559-1584
Cet immense édifice, comprenant un palais, un monastère, un collège et une église, est situé dans une région sauvage et montagneuse au pied de la sierra de Guadarrama. Construit dans un granit local difficile à sculpter, il reflète l'austérité et la piété de Philippe II. L'Escurial est un vaste quadrilatère de bâtiments à l'aspect sévère, séparés par des cours intérieures et flanqués de quatre tours d'angle.

Il Gesu, Rome, Italie, JACOPO VIGNOLA et GIACOMO DELLA PORTA, 1568-1584
Les Jésuites qui édifièrent cette église avaient pour mission de réaffirmer la doctrine catholique après la Réforme protestante, une tâche qui exigeait des adaptations créatives des principes de conception des églises de la Renaissance. Cette tentative d'unir les deux bas-côtés de part et d'autre de la nef centrale en une seule composition fut largement imitée.

AUTRES ŒUVRES

MEXIQUE cathédrale, Mexico, CLAUDIO DE ARCINIEGA, 1585

ITALIE palais de Latran, Rome, DOMENICO FONTANA, 1586 ; San Giacomo degli Incurabili, Rome, FRANCESCO DA VOLTERA, 1590 ; San Andrea della Valle, Rome, GIACOMO DELLA PORTA, 1591

baroque ; gothique ; architecture chrétienne

idéalisme ; humanisme ; empirisme anglican ; urbanisme géorgien

Le classicisme régional

Grâce à l'invention de l'imprimerie, les idées, à partir de la Renaissance, circulèrent comme jamais auparavant. C'est ainsi que les traités d'architecture dont l'un des plus marquants, en huit volumes, rédigé par Sebastiano Serlio, se développèrent. À la fin de sa vie, Serlio travailla en France et ses conceptions avaient certainement atteint la Grande-Bretagne dans les derniers temps du XVIe siècle. Partout où les idées neuves se répandaient, leur interaction avec les réalités locales aboutissait à un foisonnement de variantes architecturales régionales.

SEBASTIANO SERLIO (1475-1554) ; DOMENICO DA CORTONA (1495-1549) ; PHILIBERT DE L'ORME (1510-1570) ; ROBERT SMYTHSON (v. 1536-1614) ; JOHN SMYTHSON (?-1630) ; JOHN THORPE (1565-1655) ; SIMON DE LA VALLEE (1590-1642) ; JACOB VAN CAMPEN (1595-1657) ; FRANÇOIS MANSART (1598-1666)

adaptation ; invention ; traités ; imprimerie

Grâce à l'imprimerie, une poignée de lecteurs en France et en Angleterre purent acquérir une compréhension des conceptions de la Renaissance bien avant que les mérites architecturaux de l'époque soient reconnus et que les bâtisseurs soient en mesure de les transposer au plan local. L'architecture classique apparut d'abord dans les détails de bâtiments dont la forme générale était plus traditionnelle. C'est le cas, par exemple, pour les châteaux de la Loire ou pour certains collèges d'Oxford ou de Cambridge. Plus tard, Sebastiano Serlio tenta, au château d'Ancy-le-Franc, de faire une démonstration pratique de ses traités dont plusieurs volumes furent publiés en France dans les années 1540 et 1550. Il introduisit une discipline et un ordre nouveaux dans la construction privée, même si les maçons locaux les déformèrent et retinrent essentiellement les toits à forte pente et les tours d'angle qui étaient une caractéristique des châteaux français.

Sous l'influence d'architectes comme Philibert de l'Orme, notamment dans ses hôtels particuliers destinés aux classes montantes de l'administration, ces traits évoluèrent vers un style cohérent.

Une nouvelle élite apporta une contribution similaire à l'architecture anglaise, avec les prodigieuses maisons élisabéthaines comme celles de Longleat, Hardwick et Burghley où, sur les toitures, cheminées et parapets se transformèrent en colonnes discontinues et en entablements. Aucun architecte prestigieux comparable à Serlio ne travaillait en Angleterre, la conception de ces maisons revint donc à des exécutants comme Robert Smythson et John Thorpe. Sous les éléments classiques employés avec enthousiasme et souvent de façon inventive, les plans étaient des applications maladroites de la symétrie Renaissance, mêlées d'éléments médiévaux tels que de grands halls, des salons et de longues galeries. Il fallut attendre le siècle suivant pour que la panoplie complète du classicisme Renaissance parvienne en Grande-Bretagne et balaie tout ce qui existait précédemment.

L'adoption du classicisme dans les autres pays d'Europe du Nord suivit peu ou prou le même processus d'interaction entre des pratiques locales et des notions architecturales importées.

ŒUVRES CLÉS

↑ **Kirby Hall, Northamptonshire, Angleterre, attribué à THOMAS THORPE, 1570-1572**

Kirby Hall est l'une des *prodigy houses* construites par une nouvelle élite sous le règne d'Élisabeth Ire, qui synthétisaient la tradition gothique et le classicisme. Kirby intègre le raffinement des pilastres géants (sur deux niveaux) inaugurés par Michel-Ange au Capitole de Rome.

← **Château de Chambord, vallée de la Loire, France, DOMENICO DA CORTONA, 1519-1547**

Une énergie classique perce dans le plan de forteresse médiévale du plus grand des châteaux de la Loire. La façade est agrémentée de pilastres, alors que les détails Renaissance rivalisent avec les tourelles françaises traditionnelles.

AUTRES ŒUVRES

FRANCE Ancy-le-Franc, Bourgogne, SEBASTIANO SERLIO, v. 1546 ; Château d'Anet, vallée de la Loire, PHILIBERT DE L'ORME, 1548 ; Château de Fontainebleau, Seine-et-Marne, GILLES LE BRETON, 1568

ANGLETERRE Hardwick Hall, Derbyshire, ROBERT SMYTHSON, 1590-1597

PAYS-BAS, Mauritshuis, La Haye, JACOB VAN CAMPEN, 1633-1635

SUÈDE, Riddarhuset (maison des Nobles), Stockholm, SIMON DE LA VALLEE, 1641-1674

maniérisme ; empirisme anglican ; baroque

idéalisme ; humanisme ; néoclassicisme

Le baroque

Le baroque marque une rupture décisive avec l'humanisme et l'idéalisme de la Renaissance. Plus riches et plus variées, les formes baroques privilégient l'illusion et le spectacle plus que l'incarnation de la pureté idéale des formes platoniciennes. Elles prennent source dans la volonté de renforcer la doctrine religieuse. Au-delà de l'architecture, le baroque recouvre des concepts aussi divers que l'absolutisme politique et les découvertes mathématiques.

GIAN LORENZO BERNINI, dit LE BERNIN (1598-1680) ; FRANCESCO BORROMINI (1599-1667) ; PIETRO DA CORTONA (PIERRE DE CORTONE) (1596-1669) ; BALDASSARE LONGHENA (1598-1682) ; CARLO RAINALDI (1611-1691) ; GUARINO GUARINI (1624-1683) ; FILIPPO JUVARRA (1678-1736)

complexité ; mouvement ; émotion ; illusion ;

L'architecture baroque fut lancée par deux grands architectes romains du XVIIe siècle, Gianlorenzo Bernini et Francesco Borromini. Ils créèrent des formes complexes et fluides, assimilant à la tradition classique des réalités politiques, liturgiques et topographiques que l'idéal Renaissance des formes « pures » avait du mal à intégrer.

Adepte de peintres baroques tels que le Caravage et ayant été formé à la sculpture, Bernini utilisa le geste et la posture pour transmettre des émotions humaines. Il associa souvent figures sculpturales et peinture pour personnaliser et expliciter ses réalisations architecturales. Ainsi, à San Andrea al Quirinale, la représentation de l'âme de San Andrea quittant son corps crucifié et, assisté de *putti* (chérubins), s'élèvant vers la lumière céleste d'une lanterne en haut du dôme.

Si les sources de Borromini étaient plus abstraites, ses réalisations induisaient un effet tout aussi saisissant. À sa connaissance de la maçonnerie, acquise sur les chantiers familiaux, s'ajoutait une profonde compréhension de la géométrie, ce qui lui permit de créer des formes extraordinairement complexes. Son chef-d'œuvre, San Carlo alle Quattro Fontane, atteint une merveilleuse unité dynamique de cercles et de triangles, entremêlant les symboles de la Trinité et de l'omnipotence de l'église du Christ.

Le baroque se propagea dans tout le monde catholique et eut un impact à l'extérieur, notamment sur l'empirisme anglican. Mais, en dehors de Rome, ses aspects décoratifs prédominaient sur son inventivité spatiale et structurelle. Turin fit exception à cette règle ; Guarino Guarini et, plus tard, Filippo Juvarra créèrent des œuvres qui rivalisaient avec celles de Borromini dans leur rationalisme complexe. Les connaissances de Guarini, philosophe et mathématicien distingué, sous-tendaient son architecture. Il démontra qu'une réflexion poussée pouvait accroître le potentiel de l'architecture, au-delà des canons stylistiques conventionnels.

ŒUVRES CLÉS

↖ **San Andrea al Quirinale (Saint-André du Quirinale), Rome, Italie, GIAN LORENZO BERNINI, 1658-1670**

L'église Saint-André du Quirinale, destinée aux novices jésuites, est une synthèse exemplaire de l'architecture, de la sculpture et de la peinture. L'effet visuel est saisissant. Une peinture placée derrière l'autel représente le martyre de saint André. Son âme s'élève à travers un fronton brisé, accompagnée du geste par un ange, vers le dôme céleste et la lanterne.

↗ **San Carlo alle Quattro Fontane (Saint-Charles aux Quatre Fontaines), Rome, Italie, FRANCESCO BORROMINI, 1633-1667**

Borromini parachève la complexité baroque par le chevauchement de compositions architecturales plus que par l'intégration de différentes techniques artistiques. L'intérieur de l'église est le fruit d'un plan qui associe un triangle, un cercle et un ovale, chacun ayant une résonance symbolique, unis sous un dôme elliptique.

AUTRES ŒUVRES

ITALIE Sant Ivo della Sapienza, Rome, FRANCESCO BORROMINI, 1642-1660 ; place Saint-Pierre, Rome, GIAN LORENZO BERNINI, 1656 ; Santa Maria della Pace (façade ouest et place), Rome, PIETRO DA CORTONA, en fr. PIERRE DE CORTONE, 1656-1657 ; Santa Maria del Miracoli et Santa Maria in Monte Santo, Piazza del Popolo, Rome, CARLO RAINALDI, 1662 ; Palazzo Rezzonico, Venise, BALDASSARE LONGHENA, 1667 ; Palazzo Carignano, Turin, GUARINO GUARINI, 1679 ; monastère de Superga, Turin, FILIPPO JUVARRA, 1715-1727

rococo ; gothique ; maniérisme ; à la recherche du sublime

idéalisme ; néoclassicisme ; rationalisme

L'expression du pouvoir absolu

Ce courant fait référence à l'architecture dont les règles furent édictées par les dirigeants européens qui instaurèrent un pouvoir absolu au cours des XVIIe et XVIIIe siècles. Dans le domaine politique, ces monarques s'inspirèrent de l'art de gouverner de la Renaissance. Tous les aspects de la gestion publique étaient soumis à un examen rationnel et la centralisation du pouvoir et de toutes les activités étaient renforcés, faisant de l'État, une « œuvre d'art » selon l'expression de Jacob Burckhardt, historien du XIXe siècle.

LOUIS LE VAU (1612-1670) ; CLAUDE PERRAULT (1613-1688) ; JOHANN FISCHER VON ERLACH (1656-1723) ; JACQUES-ANGE GABRIEL (1698-1782) ; BARTOLOMEO RASTRELLI (1700-1771) ; LUIGI VANVITELLI (1700-1773)

pouvoir centralisé ; monarchie ; contrôle ; droit divin ; autorité

La Renaissance avait déjà démontré les potentialités du bâtiment à plan central, et le maniérisme et le baroque avaient introduit un degré de liberté qui rendait plus aisée la mise en œuvre de ces conceptions architecturales. L'absolutisme s'appropria l'idée du point de focalisation, renforça sa symétrie de motifs rayonnants, le mêla de scénographie baroque et le déploya à grande échelle. Le château de Versailles est l'illustration la plus parfaite de ce type de réalisation. Initialement, Versailles s'étendait sur une zone marécageuse. On entreprit d'assécher les terres et, au-delà du parc, on traça des axes qui correspondaient aux allées cavalières. À partir des ronds-points, on aménagea de grandes allées et le paysage environnant devint une partie intégrante de ces perspectives qui avaient pour centre le château et semblaient se prolonger jusqu'à l'infini. Le dessin du parc faisait écho à celui de l'entrée sur la ville d'où partaient trois grands axes. Ainsi, tout convergait vers la cour d'honneur.

Versailles doit beaucoup au château de Vaux-le-Vicomte construit de 1657 à 1661 pour le surintendant Nicolas Fouquet sur les plans de Nicolas Le Vau, décoré par Le Brun et dont les jardins furent dessinés par Le Nôtre.

Ainsi, les monarques absolutistes et leurs architectes prirent-ils conscience que les monuments pouvaient être rendus encore plus imposants en ayant recours à des artifices de composition et de perspective. À l'instar de Versailles, la ville de Karlsruhe rayonnait à partir du palais ducal, et Johann Fischer von Erlach voulut signifier dans sa conception de Karlskirche que Vienne était le successeur de Rome et de Constantinople. À la même époque, Pierre le Grand fondait Saint-Pétersbourg et faisait surgir une ville entière des marais, avec la volonté d'entraîner toute la Russie dans le monde moderne sous son autorité incontestée. Sa tâche fut poursuivie avec brio par Catherine II la Grande.

ŒUVRES CLÉS

→ **Château de Versailles, Paris, France, CHARLES LE BRUN, 1671-1678**

Louis XIV, le plus puissant monarque d'Europe, fit agrandir dans les années 1660 et 1670 le petit pavillon de chasse construit initialement par Louis XIII pour parvenir, en plusieurs phases, à l'édification d'un château aux dimensions sans précédent. La façade harmonieuse mesure plus de 400 m de long, quant à l'emplacement de la chambre du roi au centre de l'édifice et le rayonnement du parc à partir de ce point, ils symbolisent à merveille le pouvoir absolu.

↓ **Palais d'Hiver, Saint-Pétersbourg, Russie, BARTOLOMEO RASTRELLI, 1754-1762**

Toute la ville de Saint-Pétersbourg, modelée dans le marais par déviation de la Neva et selon un plan général dressé par l'architecte français Alexandre Leblond, est un monument à la gloire du tsarisme. Le palais d'Hiver en est le cœur symbolique et physique. Construit pour la tsarine Elisabeth, dont le père Pierre le Grand avait fondé la ville en 1703, il est immense, et somptueusement décoré.

AUTRES ŒUVRES

FRANCE Façade est, Louvre, Paris, CLAUDE PERRAULT, 1667 ; place de la Concorde, Paris, JACQUES-ANGE GABRIEL, 1755

AUTRICHE Karlskirche, Vienne, JOHANN FISCHER VON ERLACH, 1716

RUSSIE Tsarskoe Selo, Saint-Pétersbourg, BARTOLOMEO RASTRELLI, 1749-1756

ITALIE Palais royal, Caserte, LUIGI VANVITELLI, 1751

rococo ; préclassicisme ; à la recherche du sublime

rationalisme ; fonctionnalisme ; pittoresque

L'empirisme anglican

L'empirisme anglican est une version inventive du classicisme qui est apparu en Angleterre à la fin du XVIIe siècle. Il partage avec le baroque cette capacité d'adapter le langage classique à des fins pratiques et politiques. Cependant, alors que le baroque réaffirme la doctrine catholique et fusionne volontiers avec l'absolutisme, l'empirisme anglican se forme autour de l'église d'Angleterre réhabilitée, tandis qu'une nouvelle oligarchie aristocratique devient la force politique dominante et que les découvertes scientifiques font basculer les croyances établies.

JOHN WEBB (1611-1672) ; ROGER PRATT (1620-1684) ; CHRISTOPHER WREN (1632-1723) ; NICOLAS HAWKSMOOR (1661-1736) ; JOHN VANBRUGH (1664-1726) ; JAMES GIBBS (1682-1754)

nouvelle érudition ; recherche scientifique ; expérience ; calcul ; géométrie ; pragmatisme

La guerre civile et la restauration de la monarchie anglaise en 1660, font office de ligne de démarcation entre deux grandes phases de l'architecture anglaise : si Inigo Jones, qui avait introduit le classicisme en Angleterre, caractérise la première, sir Christopher Wren domine la seconde. Architecte et homme de science, ce dernier s'imposa d'abord comme mathématicien et occupa la chaire d'astronomie à Londres puis à Oxford. Avant de se consacrer à l'architecture, il effectua un voyage en France où il prit connaissance des réalisations en cours.

Ses premières réalisations sont la chapelle de Pembroke College à Cambridge et le Sheldonian Theater d'Oxford où il imagina, grâce à sa science des mathématiques, un ingénieux système de couverture sans avoir recours à la voûte gothique ou à des colonnes intermédiaires. Sa carrière prit un essor considérable à la suite du grand incendie de Londres en 1666. Nommé membre de la commission de reconstruction, il proposa un projet d'urbanisme conçu selon un plan radioconcentrique qui ne vit jamais le jour. Il produisit également une cinquantaine de plans d'églises paroissiales qui témoignent de son extraordinaire inventivité à répondre aux besoins de la liturgie anglicane sur des sites souvent petits et mal conformés. Son œuvre majeure demeure la reconstruction de la cathédrale Saint-Paul à partir de 1675. Son projet de plan central en forme de croix grecque ne convenait pas au clergé qui lui préférait un plan longitudinal en croix latine et, après divers compromis, l'un de ses plans fut adopté.

Surintendant des bâtiments royaux pendant presque cinquante ans à partir de 1669, Wren s'imposa comme l'un des plus grands architectes anglais de son époque. Il avait acquis un poids intellectuel considérable au fil de ses réalisations. Parmi ses collaborateurs de l'*Office of Works*, citons Nicolas Hawksmoor, maçon de formation qui apporta ses connaissances pratiques aux conceptions intellectuelles de Wren ; quant à Sir John Vanbrugh, auteur dramatique, homme d'esprit et ancien prisonnier de la Bastille, il conçut les manoirs anglais les plus spectaculaires, Blenheim Palace et Castle Howard. Leur audace et leur folle liberté vis-à-vis du classicisme attirèrent le courroux des palladiens qui allaient révolutionner le goût anglais au début du XVIIIe siècle.

ŒUVRES CLÉS

Sheldonian Theater, Oxford, Angleterre, SIR CHRISTOPHER WREN, 1664-1669

Professeur à Oxford, Wren fit appel à ses compétences de mathématicien pour renforcer une atmosphère classique d'amphithéâtre romain dans le hall de cérémonie de l'université. Il dessina une charpente en bois relativement plate pour enjamber un espace de 21 mètres, sans voûte gothique ni colonnes intermédiaires qui auraient gâché l'effet souhaité.

↑ **Blenheim Palace, Woodstock, Oxon, Angleterre, JOHN VANBRUGH, 1705-1720**

Sans véritable formation en architecture, John Vanbrugh édifia le plus grand manoir de Grande-Bretagne pour le duc de Malborough. Il fonda ses conceptions sur ses expériences d'homme du monde, de dramaturge, et sur sa parfaite connaissance de ses commanditaires. Ses plans font preuve d'une intuition et d'une puissance inégalées. Les problèmes techniques auxquels il dut faire face furent résolus par Nicolas Hawksmoor.

AUTRES ŒUVRES

ANGLETERRE St Stephen Walbrook, Londres, CHRISTOPHER WREN, 1672-1687 ; Greenwich Naval College, Londres, CHRISTOPHER WREN (en collaboration avec JOHN WEBB), 1696-1715 ; St Mary Woolnoth, Londres, NICOLAS HAWKSMOOR, 1716-1727 ; Christchurch Spitalfields, Londres, NICOLAS HAWKSMOOR, 1723-1729 ; St Martin in the Fields, Londres, JAMES GIBBS, 1722-1726

Le temps des inventions ; urbanisme géorgien

néoclassicisme ; rococo

Le rococo

Le style rococo accroît encore la richesse de l'ornementation et la fluidité des formes introduites par les architectes baroques. Étroitement associé à l'Europe catholique, notamment au Saint Empire romain germanique et à l'Allemagne du Sud, cette architecture à l'exubérante créativité met l'accent sur les aspects mystérieux et intuitifs de la foi et donne naissance à une multitude d'églises, d'institutions ecclésiastiques et de demeures destinées aux princes et évêques électeurs.

JAKOB PRANDTAUER (1660-1726) ;
GERMAIN BOFFRAND (1667-1754) ;
BALTHASAR NEUMANN (1687-1753) ;
MATHAÜS PÖPPELMANN (1662-1736) ;
LUKAS VON HILDEBRANDT (1668-1745) ;
JOHANN DIENTZENHOFER (1689-1751) ;
JOHANN MICHAEL FISCHER (1692-1766) ;
GIUSEPPE GALLI DA BIBIENA (1696-1757)

complexité ; légèreté ; illusion ; effervescence

À son niveau le plus abouti, le rococo allie l'abstraction des principes architecturaux basés sur la forme et la géométrie à l'effet narratif d'une ornementation picturale somptueuse.

Balthasar Neumann, dont l'église de Vierzehnheiligen en Bavière constitue l'apothéose de la période rococo, débuta sa carrière comme ingénieur militaire au service des princes de Schönborn. À partir de 1720, il dirigea la construction de la célèbre résidence de Würzburg, qui devait durer trente ans. Il est également l'auteur de nombreux châteaux dont le répertoire formel est caractéristique du style rococo. À Vierzehnheiligen, il composa un plan extraordinairement sophistiqué de formes chevauchantes et de volumes fluides où l'espace, la forme et la lumière s'associent à la décoration pour étayer l'impression sensorielle de rigueur intellectuelle.

À une époque où le scepticisme et les querelles schismatiques minaient l'autorité de l'Église catholique, l'objectif primordial des architectes rococo était, par le biais d'effets sculpturaux et picturaux, de suggérer la puissance et la domination de la doctrine catholique. Cependant, cette capacité du rococo à en imposer séduisit aussi les dirigeants séculiers dans tout le Saint Empire, des petits princes à l'empereur lui-même. L'électeur de Saxe, Auguste le Fort, commanda le Palais Zwinger à Dresde pour servir de cadre à des reconstitutions historiques. La richesse de la décoration, où les artifices ornementaux s'accumulent, crée une atmosphère propice à l'imagination et à l'effervescence.

En accordant à la scénographie la primauté sur la construction, et dans son association avec les autorités aristocratique et ecclésiastiques, le rococo se présente comme un courant architectural en complète opposition avec la ligne d'évolution allant du néoclassicisme au modernisme en passant par le rationalisme structural.

ŒUVRES CLÉS

Vierzehnheiligen, Bavière, Allemagne, BALTHASAR NEUMANN, 1743-1772

L'extérieur de cette église ne trahit guère l'exubérance intérieure. Derrière sa façade ouest ondulante se cache une nef basée sur deux ovales – le second comportant l'autel des quatorze saints –, deux transepts circulaires et un autre ovale pour le chœur, le tout agrémenté d'une décoration sophistiquée qui met en valeur le décalage entre le plan au sol et le plan des voûtes.

→ Palais Zwinger, Dresde, Allemagne, MATHAÜS PÖPPELMANN, 1711-1722

L'architecture ornementée de ce palais révèle sa fonction de décor de spectacles, construit pour l'électeur de Saxe, Auguste le Fort. Si les détails classiques foisonnent, ils sont alliés à une exubérance manifestement peu classique qui répond avant tout aux goûts hédonistes de son princier mécène.

AUTRES ŒUVRES

AUTRICHE monastère de Melk, JAKOB PRANDTAUER, 1702-1714 ;
Belvédère, Vienne, LUKAS VON HILDEBRANDT, 1714-1723

FRANCE hôtel de Soubise, Paris, GERMAIN BOFFRAND, 1737-1740

ALLEMAGNE Château de Pommersfelden, JOHANN DIENTZENHOFER, à partir de 1711 ;
Abbaye d'Ottobeuren, JOHANN-MICHAEL FISCHER, 1744-1767 ;
opéra, Bayreuth, GIUSEPPE GALLI DA BIBIENA, 1747-1753

art industriel et décoratif ; baroque

néoclassicisme ; humanisme ; idéalisme

Le palladianisme

Considéré comme le grand maître de la synthèse des classicismes grec et romain, l'architecte Palladio eut un grand succès en Occident du XVIIe au XIXe siècle. Le courant du palladianisme arriva en Angleterre au XVIIe siècle grâce à Inigo Jones. Un siècle plus tard, lord Burlington et ses amis architectes adaptèrent les principes de Palladio au climat et au contexte social anglais. Ainsi, le palladianisme devint-il la source d'inspiration principale de la grande époque des manoirs anglais du XVIIIe siècle.

COLEN CAMPBELL (1673-1729) ; WILLIAM KENT (1685-1748) ; LORD BURLINGTON (1694-1753) ; HENRY FLITCROFT (1697-1769) ; THOMAS JEFFERSON (1743-1826) ; HENRY HOLLAND (1745-1806)

Palladio ; symétrie ; proportion ; Arcadie

En 1715, Colen Campbell publie son *Vitruvius Britannicus*, cri de ralliement contre ce qu'il considérait comme les excès d'architectes tels que Wren, Hawksmoor ou Vanbrugh. Ce mouvement naissant trouva un fervent partisan en la personne de lord Burlington, riche aristocrate de vingt et un ans porté vers l'art et fraîchement revenu d'un voyage en Italie. Il trouva surtout un homme qui avait les moyens financiers de contribuer substantiellement à mettre ses idées en pratique.

Burlington réunit les artistes qu'il protégeait et leur confia la mission de remodeler son hôtel particulier de Piccadilly à Londres. Le résultat final doit autant à sa propre vision qu'à celle des hommes de l'art. Vite lassé de la rigidité d'un Campbell, il confia plus de responsabilités à William Kent qui, peintre à l'origine, allait prospérer comme architecte sous le tutorat et le mécénat de Burlington. Mais c'est à Palladio qu'allait toute l'admiration du cercle de Burlington. Le riche lord entreprit un second voyage en Italie afin d'étudier l'œuvre du maître et s'inspira fortement de la villa Rotunda pour construire Chiswick House.

Le corps central relativement petit et les vastes ailes des villas de Palladio construites dans la campagne vénitienne convenaient au style de vie, aux ambitions et aux moyens des propriétaires terriens anglais, alors que ses églises et ses palais citadins fournissaient des modèles variés pour les hôtels particuliers et les bâtiments institutionnels. Des édifices grandioses, comme Wanstead, Stourhead et Houghton Hall destiné au Premier ministre Walpole, aux bâtiments plus modestes, l'influence de Palladio toucha tous les aspects de l'architecture britannique et se propagea également aux États-Unis et dans la lointaine Russie.

↑ Holkham Hall, Norfolk, Angleterre, WILLIAM KENT, à partir de 1734
Kent débuta sa carrière comme peintre sous le patronage de lord Burlington dont l'influence imprègne l'un des plus grands manoirs palladiens d'Angleterre. Ici, les motifs palladiens, le soubassement à bossages, le portique corinthien et les fenêtres à deux linteaux plats de chaque côté de l'arcade conviennent à la résidence d'un grand propriétaire anglais, Lord Leicester.

ŒUVRES CLÉS

← Chiswick House, Londres, Angleterre, LORD BURLINGTON, 1725-1729
Lord Burlington baptisa « villa » la maison qu'il conçut à son usage personnel sur le modèle de la villa Rotunda de Palladio. Il y déploya sa maîtrise des principes mis en œuvre par le maître italien tout en ajoutant des pièces de formes variées et des fenêtres sous le dôme afin d'éclairer la partie centrale et d'adapter sa demeure aux conditions de l'Angleterre.

AUTRES ŒUVRES

ANGLETERRE Burlington House (Académie royale), Londres, COLEN CAMPBELL, WILLIAM KENT, LORD BURLINGTON et autres, à partir de 1717 ; Mereworth Castle, Kent, COLEN CAMPBELL, 1722-1725 ; Stourhead, Wiltshire, COLEN CAMPBELL, 1721-1724 ; dortoir, Westminster School, Londres, LORD BURLINGTON, 1722-1730

ÉTATS-UNIS Monticello, Virginie, THOMAS JEFFERSON, 1769-1809

idéalisme ; maniérisme ; néoclassicisme

baroque ; rococo ; néogothique

L'urbanisme géorgien

Au XVIIIe siècle, Londres, Édimbourg et Bath redéfinissent le champ de l'urbanisme. Travaillant sur une grande échelle et sous la contrainte du développement spéculatif, les architectes élargissent le répertoire des rues et des places, rectangulaires ou en arc de cercle pour introduire une impression de grandeur et de hiérarchie classiques dans les nouveaux quartiers. Bien que les maisons individuelles aient souvent été construites avec simplicité, leur position dans un ensemble visait au classicisme, adapté à l'économie locale et au contexte topographique.

INIGO JONES (1573-1652) ; GEORGE DANCE (l'Ancien et le Jeune, 1695-1768, 1741-1825) ; JOHN WOOD (l'Ancien et le Jeune, 1704-1754, 1728-1781) ; ROBERT ADAM (1728-1792) ; THOMAS LEVERTON (1743-1824) ; JOHN NASH (1752-1835)

développement spéculatif ; adaptation ; artisanat ; économie

En 1630, avec le projet de Covent Garden, Inigo Jones et son commanditaire, le duc de Bedford, introduisirent le motif de la place au sein de la morphologie urbaine de Londres. Inspiré par ses voyages en Italie et la construction de la place Royale à Paris en 1609, Jones conçut un espace rectangulaire rythmé par des maisons à arcades et dominé par l'église Saint-Paul à l'une de ses extrémités. Ce plan constitua un précédent quand l'expansion de Londres prit son essor après les bouleversements politiques du milieu du XVIIe siècle.

Autre innovation majeure de l'époque, la division des terrains en parcelles étroites destinées à accueillir des maisons individuelles contribua à transformer le visage de la ville. Ces maisons pouvaient être vendues à l'unité ou par petits lots selon un bail obligeant l'acheteur à construire une maison qui reviendrait au propriétaire du terrain quatre vingt-dix-neuf ans plus tard. Les familles fortunées, comme les Russel (les ducs de Bedford) et les Grosvenor, propriétaires de terres à la lisière d'une capitale en pleine croissance, suivirent cette

voie à partir des années 1720 et veillèrent à ce que la conception et la qualité de la construction conservent l'attrait et la valeur de leurs biens.

Venant de Londres, John Wood père commença à Bath en 1727 la brillante série de Queen Square, Circus et Royal Crescent que son fils acheva presque cinquante ans plus tard. Des façades artistement composées, inspirées de leurs précédents classiques, masquent le fait qu'elles ornent des maisons individuelles et non des palais aristocratiques. Directeur des travaux de la Cité de Londres à partir de 1767, George Dance fils eut recours en particulier à la forme circulaire pour intégrer les artères passantes à des ensembles monumentaux et, en 1800, les arcs de cercles (*crescents*) et les espaces circulaires (*circus*) étaient entrés dans le répertoire de l'urbanisme, de Bristol à la ville nouvelle d'Édimbourg. À cette époque, les frères Adam développaient l'idée de l'unification de plusieurs bâtiments derrière une seule façade dans leurs plans de Fitzroy Square et du quartier de l'Adelphi de Londres.

ŒUVRES CLÉS

↑ **Bedford Square, Londres, Angleterre, THOMAS LEVERTON, 1775**

Londres se développa rapidement au XVIIIe siècle, quand les propriétaires fonciers commencèrent à valoriser leurs biens situés à la périphérie de la cité. La plupart de ces domaines suivaient le même modèle d'agencement en rues et en places et le principe de la vente en parcelles à des particuliers qui acceptaient des conditions de construction garantissant l'homogénéité de l'ensemble.

↙ **Royal Crescent, Bath, Angleterre, JOHN WOOD (le Jeune), 1767-1771**

Au XVIIIe siècle, les architectes britanniques se tournèrent vers la Rome antique pour concevoir les nouveaux quartiers urbains. Le Royal Crescent, assez librement inspiré du Colisée, s'adapte au logement des résidents dans la station thermale à la mode. Les demi-colonnes ioniques font ressortir le caractère grandiose de l'édifice, cependant que l'ornementation discrète révèle qu'il s'agissait d'une construction spéculative.

AUTRES ŒUVRES

ANGLETERRE ville nouvelle d'Édimbourg (New Town), PLUSIEURS ARCHITECTES, à partir de 1767 ; place de Covent Garden, Londres, INIGO JONES, 1631 ; The Minories, Cité de Londres, GEORGE DANCE (LE JEUNE), 1765-1770 ; St George's Circus, Southwark, Londres, GEORGE DANCE (LE JEUNE), 1785-1820 ; l'Adelphi, Londres, ROBERT ADAM ET FRÈRES, 1768-1772 ; Regent Street et Regent's Park, Londres, JOHN NASH, à partir de 1811

empirisme anglican ; néoclassicisme ; classicisme régional ; classicisme romain

pré-urbanisme culturaliste ; piétisme ; victorien

3

DE L'ÈRE MODERNE À L'ÈRE INDUSTRIELLE

Le néoclassicisme

Le néoclassicisme est né de la conviction que les mouvements tels que le baroque et le rococo éloignaient trop l'architecture de ses sources premières. La pensée rationnelle, climat intellectuel dominant issu des Lumières, et les découvertes archéologiques, favorisèrent cette quête des origines.

MARC-ANTOINE LAUGIER (1713-1769) ; GERMAIN SOUFFLOT (1713-1780) ; JACQUES GONDOIN (1737-1818) ; THOMAS JEFFERSON (1743-1826) ; PIERRE VIGNON (1762-1828) ; BENJAMIN LATROBE (1764-1820) ; KARL FRIEDRICH SCHINKEL (1780-1841) ; ROBERT SMIRKE (1781-1867) ; LEO VON KLENZE (1784-1864)

modération ; ordre ; forme ; discipline ; raison ; Lumières

Si le courant néoclassique s'est formé à partir des connaissances sur l'architecture ancienne acquises grâce aux découvertes archéologiques effectuées sur les sites de l'Antiquité classique, il possédait en outre une dimension théorique non négligeable. Marc-Antoine Laugier, dans son *Essai sur l'architecture* de 1753, affirmait que toute l'architecture découlait probablement de la « hutte primitive », réponse rationnelle du « noble sauvage » au besoin d'un abri composé d'une structure simple faite de quatre troncs d'arbres et d'un toit incliné en branchages. Cette vision corroborait l'idée dominante de l'époque selon laquelle raison et structures naturelles avaient une même origine.

En outre, cette conception des origines mythologiques de l'architecture, qui devait beaucoup à l'architecte romain du Ier siècle apr. J.-C., Vitruve, était une réponse séduisante au rococo. Par la suite, elle fournit à l'architecture un modèle conceptuel qui l'affranchissait des traditions stylistiques et l'orientait vers un ordonnancement de la société selon une démarche rationnelle. Le néoclassicisme permit ainsi de poser les fondations du rationalisme structural et, plus tard, du modernisme architectural.

En réaffirmant la primauté des colonnes sur les piliers et les pilastres, des entablements continus sur les arcades, les plans de Germain Soufflot pour l'église Sainte-Geneviève de Paris devenue par la suite le Panthéon, témoignent de ce retour à l'Antiquité. Cette architecture disciplinée, issue des Lumières, influença profondément le mouvement néoclassique. Pour bon nombre d'architectes à qui l'on confiait l'édification de musées d'antiquités classiques, ce choix était devenu une évidence, de sir Robert Smirke et son interprétation pédante du British Museum à Karl Friedrich Schinkel et son exécution élégante et raffinée de l'Altes Museum de Berlin. William Wilkins, architecte classique, adopta une forme néoclassique pour l'University college de Londres et Benjamin Latrobe l'introduisit aux États-Unis.

ŒUVRES CLÉS

← **Altes Museum (ancien musée), Berlin, Allemagne, KARL FRIEDRICH SCHINKEL, 1824-1828**
L'alignement de colonnes ioniques géantes qui accueille les visiteurs révèle l'interprétation austère et rigoureuse du classicisme de Karl Friedrich Schinkel. L'architecture grecque représentait une alliance de culture et de discipline qu'il adapta aux nouvelles fonctions dévolues au musée et qu'en général il mit au service des ambitions prussiennes qui étaient de faire de Berlin l'« Athènes du Nord ».

Le Panthéon (anciennement église Sainte-Geneviève), Paris, GERMAIN SOUFFLOT, à partir de 1756
Le plan de Soufflot pour cette église dédiée à la patronne de Paris est une version néoclassique des grands dômes dominant une vaste nef que l'on trouve dans les cathédrales monumentales. Par souci d'élégance et de luminosité, il évida le tambour de la coupole et fit porter son poids sur quatre groupes de colonnes, ce qui nécessita des travaux de consolidation.

AUTRES ŒUVRES
FRANCE École de chirurgie (actuelle École de médecine), Paris, JACQUES GONDOIN, 1769-1775 ; église de la Madeleine, Paris, PIERRE VIGNON, 1806 ; **ÉTATS-UNIS** Maison Blanche, Washington, JAMES HOBAN et BENJAMIN LATROBE, 1792-1829 ; cathédrale de Baltimore, Maryland, BENJAMIN LATROBE, 1804-1818 ; université de Virginie, Charlottesville, Virginie, THOMAS JEFFERSON, 1817-1826 ; **ALLEMAGNE** Glyphotèque, Munich, LEO VON KLENZE, 1816-1834 ; **ANGLETERRE** British Museum, Londres, ROBERT SMIRKE, 1823-1847

classicisme grec ; humanisme ; idéalisme ; palladianisme ; néorationalisme

baroque ; rococo ; néogothique ; victorien

Le pittoresque

Pittoresque et asymétrie revendiquée permirent aux architectes de suggérer une relation à la nature différente de celle qu'autorisait jusque-là la tradition classique. Cette modification du rapport entre architecture et nature était inspirée par des peintres-paysagistes tels que Claude Lorrain. Par ailleurs, l'intérêt porté à l'architecture non classique conduisit quelques architectes à se tourner vers des édifices gothiques, indiens ou chinois.

WILLIAM CHAMBERS (1723-1796) ; JAMES WYATT (1747-1813) ; JOHN NASH (1752-1835) ; SAMUEL PEPYS COCKERELL (1754-1827)

orientalisme ; sensation ; agitation

Les décors irréguliers où la nature semble surpasser la raison éveillent des sensations de plaisir, affirmaient Richard Payne Knight et Uvedal Price, théoriciens du pittoresque, à la fin du XVIIIe siècle. Leurs conceptions insufflèrent une dimension intellectuelle aux courants qui expérimentaient déjà les notions d'irrégularité venues d'Extrême-Orient dans l'art des paysages. Avec la pagode de Kew Gardens et le pavillon chinois du palais royal de Suède à Drottningholm, tous deux achevés dans les années 1760, les formes orientales prirent leur place dans les jardins et les parcs au côté des fausses ruines. Cette absence de formalisme gagna même la France, où l'on vit surgir le « hameau rustique » au cœur du domaine de Versailles.

Ces architectes étaient avant tout passionnés par le champ d'expérimentation que ces idées nouvelles leur offraient pour opposer un contraste au classicisme académique et s'ouvrir à une gamme inédite d'effets esthétiques. John Nash fut le premier à explorer les potentialités de la composition asymétrique et du détail gothique avant de construire pour le compte du prince de Galles – le futur George II –, le pavillon royal de Brighton (1815-1823) dans un style pittoresque inspiré de l'architecture chinoise et

indienne. Son Regent's Park, d'un classicisme austère et élégant, est lui aussi fortement empreint de scénographie.

ŒUVRES CLÉS

Pavillon royal, Brighton, Angleterre, JOHN NASH, 1815-1823

Alors que Chambers visait la reconstitution archéologique, Nash agençait les styles architecturaux avec fantaisie, cherchant avant tout à créer des effets visuels spectaculaires. Il n'avait pas le moindre scrupule à mélanger ou à inventer de nouveaux motifs. Son objectif était de créer l'illusion et de jouer plus sur les émotions que sur l'érudition ou l'intellect.

Pagode, Parc de Kew, Londres, Angleterre, WILLIAM CHAMBERS, 1757-1762

Au fur et à mesure que s'intensifiait le commerce avec l'Asie, le goût pour la décoration chinoise envahit l'Europe du XVIIIe siècle. Chambers fut l'un des rares architectes européens à faire le voyage en Chine. Ici, l'objectif était d'agrémenter les jardins d'un palais royal d'une silhouette exotique, étrangère à la tradition occidentale. Mais dans ce projet Chambers échoua à atteindre le degré de précision chirurgicale qui caractérisait ses plans classiques.

AUTRES ŒUVRES

SUÈDE Pavillon chinois, Drottningholm, CARL JOHANN CRONSTEDT et CARL FRIEDRICH ADELCRANTZ, 1760

ANGLETERRE Sezincote, Gloucestershire, SAMUEL PEPYS COCKERELL, 1803-1815 ; Ashbridge House, Hertfordshire, JAMES WYATT, à partir de 1808

rococo ; expressionnisme ; postmodernisme

néoclassicisme ; rationalisme ; palladianisme

L'expression du sublime

Au cours du XVIIIe siècle, avec cette discipline naissante qu'est l'esthétique, on commence à s'interroger sur l'impact qu'ont les associations de formes et de styles architecturaux traditionnels. En cherchant à comprendre comment l'art procure des émotions sensorielles et intellectuelles, l'esthétique élargit également les potentiels expressifs de l'architecture.

ÉTIENNE LOUIS BOULLÉE (1728-1799) ; CLAUDE NICOLAS LEDOUX (1736-1806) ; GEORGE DANCE (LE JEUNE, 1741-1825) ; JOHN SOANE (1753-1837) ; CARLO ROSSI (1755-1849)

écrasant ; expression ; contrôle ; grandiose ; raison ; Lumières

La célèbre distinction établie par Edmund Burke, homme politique et écrivain britannique, entre le sublime et le beau résonna dans tous les domaines artistiques à la fin du XVIIIe siècle. La contemplation d'objets ordonnés et réguliers, c'est-à-dire beaux, devait induire une impression de sérénité, tandis que la vision de l'inachevé, de l'irrégulier et du mouvementé, c'est-à-dire du sublime, devait provoquer des sentiments de crainte respectueuse voire de terreur. Cette idée se fraya un chemin en architecture au travers de l'art des jardins et de l'intérêt croissant que certains architectes nourrissaient pour les reconstitutions de ruines antiques.

Au sein de ce courant, l'architecte et dessinateur français Claude Nicolas Ledoux se forgea un style extrêmement personnel, multipliant les raffinements et les trouvailles décoratives, cherchant des effets pittoresques tout en interprétant librement les ordres gréco-romains, en marquant une prédilection grandissante pour les volumes simplifiés, les murs nus, les arêtes vives, les effets de masse. Ses pavillons d'octroi, édifiés aux portes de Paris à la fin de l'Ancien Régime, étaient l'expression même de l'autorité et ses plans de « cité idéale » qui ne furent jamais mis à exécution dénotaient un sens du grandiose et un goût affirmé pour les formes symbolisant la destination spécifique de chaque édifice.

L'architecte français Étienne Louis Boullée, quant à lui, développa un symbolisme en rapport avec les idéaux révolutionnaires et prôna une esthétique fondée sur l'imitation de l'architecture antique et l'adoption de formes géométriques inspirées de la nature. Son *Cénotaphe à Newton* (1784), jamais réalisé, reflète son intérêt pour la science et la raison et la conviction néoclassique que les formes naturelles pures étaient le moyen de l'exprimer.

À une échelle plus modeste et plus réaliste, John Soane, qui rencontra le graveur et architecte italien Piranèse et se lia plus tard d'amitié avec le peintre Turner, évoqua le sublime par des espaces mouvants et agités dont il est difficile d'identifier les limites. Des sources de lumière dissimulées suggèrent des forces occultes. Il rechercha également les effets pittoresques en mêlant des éléments pompéiens et gothiques.

ŒUVRES CLÉS

← Barrière de la Villette, Paris, France,
CLAUDE NICOLAS LEDOUX, 1785-1789

Juste avant la révolution de 1789, Ledoux dessina les plans d'une série de pavillons d'octroi destinés à collecter les taxes royales sur les marchandises qui entraient dans Paris. Il y expérimenta des conceptions architecturales révolutionnaires ; ainsi, à la barrière de la Villette, plaça-t-il un cylindre au-dessus d'une croix grecque. L'absence d'ornementation renforce la pureté des volumes, comme si elle était générée par une force brute.

Breakfast Parlour, sir John Soane's Museum, Londres, Angleterre, JOHN SOANE, 1812

Le plan de Soane pour cette pièce destinée à son propre domicile suggère la force et le respect. Un dôme peu profond définit le centre de la pièce, tandis que la lumière émane de fenêtres cachées au-dessus de lui ; reflétée par de nombreux miroirs, elle baigne la pièce d'une lueur éthérée. Des tableaux sélectionnés avec soin enrichissent l'ensemble d'associations narratives.

AUTRES ŒUVRES

ANGLETERRE All Hallows by the Tower, Londres, GEORGE DANCE (LE JEUNE), 1765 ; banque d'Angleterre, Londres, JOHN SOANE, à partir de 1792

FRANCE salines royales, Arc-et-Senans, CLAUDE NICOLAS LEDOUX, 1775-1779 ; **RUSSIE** état-major général, Saint-Pétersbourg, CARLO ROSSI, 1819-1829

baroque ; urbanisme monumental ; néoclassicisme ; préclassicisme ; impérialisme

néogothique ; pré-urbanisme culturaliste ; rococo

Le rationalisme structural

Une fois résolu le problème du calcul des lignes de force au sein d'une structure, les théoriciens de l'architecture vouèrent un véritable culte aux mathématiques appliquées. De nouveaux édifices virent alors le jour qui mêlaient tout à la fois néoclassicisme, néogothique et modernisme.

JEAN NICOLAS DURAND (1760-1834) ; HENRI LABROUSTE (1801-1875) ; GOTTFRIED SEMPER (1803-1879) ; AUGUSTUS PUGIN (1812-1852) ; EUGÈNE VIOLLET-LE-DUC (1814-1879) ; ANATOLE DE BAUDOT (1834-1915) ; HENDRICK BERLAGE (1856-1934) ; AUGUSTE PERRET (1874-1954)

rationalisme ; logique ; raison ; ordre

La rationalité et la scientificité introduites dans la conception des structures architecturales répondaient parfaitement à l'effort de clarté prôné par les Lumières. Jean Nicolas Durand, qui enseigna à l'École polytechnique de Paris – la première école scientifique moderne –, dès sa fondation, en 1795, fit franchir un pas supplémentaire aux doctrines rationalistes en affirmant que la base intellectuelle de l'architecture reposait non pas sur un passé mythique mais sur la science. Il préconisait l'adaptation des éléments à leur fonction et était partisan d'une architecture pratique et solide aux formes simples et symétriques. En apparence, ce raisonnement reléguait la décoration au second plan mais, en brisant l'unité entre la structure et l'ornementation, il posait des questions fondamentales sur le rapport entre la forme, la fonction et le sens.

La Bibliothèque nationale de France, construite par Henri Labrouste, constitua une nouvelle synthèse. L'emploi du fer et de la fonte permit à l'architecte français d'alléger au maximum les supports de la salle de lecture. Quant à la décoration, bien que discrète, elle ne rompait pas totalement avec un certain classicisme et véhiculait une interprétation extrêmement symbolique de la fonction de bibliothèque du bâtiment.

Eugène Viollet-le-Duc et Augustus Pugin, pour leur part, adoptèrent les idées rationalistes afin de mieux servir leur goût marqué pour le gothique. Selon Pugin le gothique était moralement vertueux dans la mesure où la présence de chacun de ses éléments répondait à des impératifs de commodité, de construction ou de rectitude. Viollet-le-Duc insistait quant à lui sur l'évidente filiation entre les principes structuraux et le gothique. On lui doit la restauration de nombreux édifices civils et religieux du Moyen Âge.

Au début du xxe siècle, des architectes comme Hendrick Berlage commencèrent à explorer l'idée selon laquelle la structure elle-même pouvait créer l'espace et véhiculer un sens sans que la décoration soit nécessaire.

ŒUVRES CLÉS

La Bourse, Amsterdam, Pays-Bas, HENDRICK BERLAGE, 1897-1903

D'apparence austère avec son toit d'acier et de verre, sa structure métallique visible, ses murs dépouillés d'ornements, la bourse d'Amsterdam est considérée comme le premier bâtiment moderne aux Pays-Bas.

Bibliothèque nationale, Paris, France, HENRI LABROUSTE, 1860-1868

Convaincu que la dimension décorative devait provenir de la construction, Labrouste fut l'un des premiers architectes à découvrir le potentiel d'expression du fer. Les formes qu'il conçut pour cet édifice sont directement issues des possibilités du matériau. La Bibliothèque nationale anticipe les utilisations ultérieures du fer en architecture.

AUTRES ŒUVRES

FRANCE bibliothèque Sainte-Geneviève, Paris, HENRI LABROUSTE, 1845-1850 ; Saint-Denis-de-l'Estrée, Paris, EUGÈNE VIOLLET-LE-DUC, 1864-1867 ; Saint-Jean-de-Montmartre, Paris, ANATOLE DE BAUDOT, 1897-1905 ; Notre-Dame du Raincy, Paris, AUGUSTE PERRET, 1922-1923

rationalisme ; suprématie des matériaux

L'expression du sublime ; rococo ; expressionnisme

La suprématie des matériaux

Le fer et le verre étaient-ils des matériaux dignes d'être employés alors que les canons de l'architecture évoluaient depuis des millénaires autour de la pierre et du bois, ou offraient-ils des opportunités qui devaient être exploitées sans référence à la tradition ? C'est à ces questions que certains architectes du milieu du XIXe siècle tentèrent de répondre alors que de nouveaux bâtiments, tels que les gares, les hôtels ou les halls d'exposition entraînaient une évolution significative de la recherche architecturale, sur le plan morphologique et typologique.

SYDNEY SMIRKE (1798-1877) ; LEWIS CUBITT (1799-1883) ; DECIMUS BURTON (1800-1881) ; JOSEPH PAXTON (1801-1865) ; PETER ELLIS (1804-1884) ; ISAMBARD KINGDOM BRUNEL (1806-1859) ; BENJAMIN WOODWARD (1816-1861) ; MATTHEW DIGBY WYATT (1820-1877)

matériau ; fer ; verre ; décoration ; structure

La capacité du fer à fournir des structures efficaces avait été démontrée dès 1779 avec la construction du pont en fer d'Abraham Darby à Coalbrookdale. Mais cette réalisation était une bombe à retardement dissimulée sous les théories architecturales conventionnelles reposant sur les formes et les matériaux de construction traditionnels. La mèche brûla lentement jusqu'aux années 1830. C'est alors que l'accroissement de la production du fer et l'apparition de nouveaux types de bâtiments coïncidèrent avec l'émergence des théories rationalistes telles que celles développées par Augustus Pugin qui affirmait que l'architecture devait se conformer à ses matériaux. De nombreuses querelles s'en suivirent. Les médiévalistes romantiques boycottèrent le fer, d'autres tentèrent avec plus ou moins de bonheur de trouver un équilibre entre l'emploi du fer et les conventions architecturales traditionnelles, et une petite minorité reconnut à ce matériau sa capacité à créer un nouveau genre d'architecture.

Le critique d'art John Ruskin décréta que, même si l'emploi du fer à des fins véritablement architecturales finirait par s'imposer, tel n'était pas le cas en 1850. Son disciple, Benjamin Woodward, contraignit alors un maître de forge de Coventry, Skidmore, à créer une structure « gothique » destinée à la cour intérieure du musée de l'université d'Oxford. Mais à cette époque, deux projets innovants avaient déjà démontré le potentiel du fer en matière de création de structures d'un type entièrement nouveau. Le premier, l'immense Crystal Palace de Londres, fut construit en 1851 par Joseph Paxton avec rapidité et efficacité, à partir d'éléments préfabriqués. Le second, toujours à Londres, fut la Palm House (serre) de Kew Gardens, conçue par Decimus Burton et Richard Turner, où la logique de fabrication et de construction passait outre la convention architecturale.

La gare de Saint-Pancras à Londres marque la fin des tentatives d'union des styles traditionnels et de l'emploi de nouveaux matériaux. Cette scission entre l'architecture et la mécanique eut des répercussions pendant des décennies et atteignit son apogée avec le modernisme.

ŒUVRES CLÉS

← **Palm House, Kew Gardens, Londres, Angleterre, DECIMUS BURTON et RICHARD TURNER (maître de forge), 1849**

Une serre tropicale était un projet idéal pour prouver la capacité du fer et du verre à englober un grand volume dans une structure relativement légère. Le talent de Turner à travailler le fer conjugué à la sensibilité néoclassique de Burton créa un édifice raffiné et d'une extrême originalité.

↓ **Natural History Museum (musée d'Histoire naturelle), université d'Oxford, Angleterre, THOMAS DEANE et BENJAMIN WOODWARD, 1854-1858**

Ce musée fut conçu par Thomas Acland comme un catalogue d'histoire naturelle. La couverture de fer façon gothique posée au-dessus d'un quadrilatère témoigne de la dichotomie entre le progrès scientifique et la représentation stylistique.

AUTRES ŒUVRES

ANGLETERRE Crystal Palace, Londres, JOSEPH PAXTON, 1851 ; Gare de King's Cross, Londres, LEWIS CUBITT, 1850-1852 ; Old Reading Room (salle de lecture), British Museum, Londres, SYDNEY SMIRKE, 1852-1857 ; gare de Paddington, Londres, ISAMBARD K. BRUNEL et MATTHEW D. WYATT, 1854 ; Oriel Chambers, Liverpool, PETER ELLIS, 1864-1865

rationalisme structural ; art industriel et décoratif

expressionnisme ; baroque

Le néogothique

Les tenants du courant néogothique étaient convaincus que la société médiévale avait fait preuve de vertus morales, dévoyées par la pensée des Lumières et l'industrialisation. Même si tout retour en arrière était impossible, la reproduction à l'identique d'ouvrages du Moyen Âge pouvait, selon eux, avoir une valeur instructive et propager ces vertus parmi ceux qui les produisaient et ceux qui les contemplaient et en avaient l'usage.

AUGUSTUS PUGIN (1812-1852) ; WILLIAM BUTTERFIELD (1814-1900) ; EUGÈNE VIOLLET-LE-DUC (1814-1879) ; JOHN LOUGHBOROUGH PEARSON (1817-1897) ; GEORGE EDMUND STREET (1824-1881) ; WILLIAM BURGES (1827-1881)

Moyen Âge ; gothique ; ornement ; détail

Les crises sociales et religieuses des années 1830 et 1840 apportèrent un nouvel essor au néogothique. Ce qui avait été jusqu'alors une lubie de dilettantes fortunés devint l'instrument de défense de l'industrie sociale. Augustus Pugin, fervent catholique et architecte prolifique, soutenait que le remède aux maux sociaux provoqués par l'industrialisation était à chercher dans les valeurs de la société médiévale. Il importait donc, selon lui, de reproduire avec exactitude l'architecture du Moyen Âge.

En France, Viollet-le-Duc reprit à son compte les théories de Pugin. Mais c'est le critique d'art victorien John Ruskin qui exposa cette ligne morale avec la plus grande éloquence. Il affirmait que l'adaptabilité du gothique en faisait un prolongement de la nature et, par conséquent, de l'œuvre de Dieu. Le champ de cette morale s'étendait à l'usage des bâtiments et à leur construction, car la « liberté » d'expression de soi-même que le gothique offrait aux ouvriers et aux artisans les libérait de la vulgarité diffuse de la logique productiviste industrielle déterminée par le seul rendement économique. Entre le catholicisme de Pugin et le christianisme évangélique de Ruskin, La High Anglican Ecclesiological Society recommandait la modification des églises anciennes et des restrictions aux nouveaux projets.

Sous ces influences combinées, la plupart des bâtiments publics de Grande-Bretagne adoptèrent une forme plus ou moins gothique, du Parlement à la cour royale de Justice. Bien après que les limites de cet esprit de renouveau historique se soient révélées, l'influence de Pugin et de Ruskin se fit sentir dans le mouvement des *Arts and Crafts* anglais qui engageait l'architecture sur la voie de l'artisanat en réponse à la standardisation que l'industrialisation, de par sa nature, exigeait.

ŒUVRES CLÉS

↑ **All Saints, Margaret Street, Londres, Angleterre, WILLIAM BUTTERFIELD, 1850-1859**

Cette église était la vitrine de l'Ecclesiological Society, société d'ecclésiastiques et d'architectes qui pensaient que le renouveau spirituel pouvait être atteint à travers l'utilisation correcte d'une architecture, d'équipements et d'une liturgie renouvelés. Bien qu'il ne partageât pas ces convictions, Butterfield fit preuve d'originalité dans les proportions et la composition de cet édifice pour s'adapter à un site urbain exigu. Son inventivité est extraordinaire dans la décoration.

↓ **Royal Courts of Justice, Londres, Angleterre, GEORGE E. STREET, 1868-1882**
Avec ce bâtiment Street parvint à reconstituer le plus savant et le plus convaincant édifice néogothique après le palais du Parlement. On pensait que celui-ci était empreint de qualités didactiques convenant à une institution destinée à symboliser l'Angleterre contemporaine et à améliorer l'exécution de la justice.

AUTRES ŒUVRES
GRANDE-BRETAGNE Cardiff Castle, Pays de Galles, WILLIAM BURGES, 1868-1885 ; St Augustine's, Ramsgate, AUGUSTUS PUGIN, 1846-1851 ; St James the Less, Londres, GEORGE E. STREET, 1858-1861 ; St Augustine's Kilburn, Londres, JOHN LOUGHBOROUGH PEARSON, 1870-1880

gothique ; gothique profane ; victorien ; pré-urbanisme culturaliste

néoclassicisme ; art industriel et décoratif ; urbanisme monumental

L'architecture victorienne

L'architecture victorienne est souvent décrite comme une lutte entre les styles gothique et classique. Cependant, ce courant ne se réduit pas à un combat de styles, il est traversé par des questions qui portent surtout sur la façon de conjuguer les nouvelles techniques et les changements sociaux à la tradition architecturale.

CHARLES BARRY (1795-1860) ; ANTHONY SALVIN (1799-1881) ; GEORGE GILBERT SCOTT (1811-1877) ; AUGUSTUS PUGIN (1812-1852) ; WILLIAM BUTTERFIELD (1814-1900) ; ALFRED WATERHOUSE (1830-1905)

monumentalité ; didactisme ; urbanisme ; art industriel et décoratif

L'architecture victorienne est représentative d'une société prise entre un extraordinaire progrès technologique et une déférence envers la tradition. Cette tension se traduit par l'édification de bâtiments d'une taille monumentale, décorés de motifs issus de l'architecture historique mais à une échelle et selon des techniques inenvisageables avant le XIXe siècle. Si les styles historiques communiquaient encore les valeurs qu'ils représentaient, ils n'étaient guère plus qu'un revêtement de surface. Ces ornements historiques produits selon des procédés industriels soulevaient une interrogation : devaient-ils être réalisés comme ils l'avaient été par le passé de manière traditionnelle afin de transmettre le même sens ?

À la même époque, d'importants travaux de génie civil, chemins de fer et tout-à-l'égout notamment, étaient entrepris grâce à des moyens de financement et à une organisation du travail d'un genre nouveau. Ils allaient favoriser l'extension urbaine, de même que de nouveaux types d'édifices tels que les gares. Ces édifices n'ayant pas de précédents dans les univers classique ou gothique, leur traitement architectural soulevaient de nombreuses questions. De la structure dénuée d'ornements de la halle de Saint-Pancras au gothique colossal du Midland Hotel qui lui fait face et emploie le fer et les verrières avec profusion, les réponses étaient protéiformes.

Même un type de bâtiment aussi traditionnel qu'un collège d'Oxford trahit l'humeur du temps. Ainsi, Keble College rompt-il avec ses augustes modèles. Moins onéreux et moins grandiose, il est du à l'architecte William Butterfield qui, contrairement à ses pairs, était préparé à utiliser les matériaux produits industriellement et les nouvelles méthodes d'organisation du processus de construction.

ŒUVRES CLÉS

← **Keble College, université d'Oxford, Angleterre, WILLIAM BUTTERFIELD, 1868-1882**
Butterfield cherchait à créer une version du gothique qui tire parti des techniques du XIXe siècle. Il employa des briques et des tuiles de fabrication industrielle. Par ailleurs, il prit la responsabilité de la conception de l'ornementation au lieu de la déléguer, préfigurant ainsi ce que deviendrait la relation entre un architecte et un entrepreneur quelques décennies plus tard.

↓ **Gare de Saint-Pancras, Londres, Angleterre, GEORGE GILBERT SCOTT (Midland Hotel), 1868-1874, et WILLIAM H. BARLOW (halle), 1863-1865**
Si le gothique pouvait être poussé à des dimensions sans précédent convenant à un hôtel ou des halls de gare, il ne pouvait répondre aux exigences d'une halle abritant les quais et les trains dont la hauteur devait permettre l'évacuation de la vapeur. Les deux édifices, sans aucun lien sur un plan architectural, furent simplement juxtaposés.

AUTRES ŒUVRES

ANGLETERRE Harlaxton Manor, Lincolnshire, ANTHONY SALVIN, 1834-1855 ; Houses of Parliament, CHARLES BARRY et AUGUSTUS PUGIN, 1835-1868 ; Foreign Office, Londres, GEORGE GILBERT SCOTT, 1860-1875

néogothique ; urbanisme monumental ; art industriel et décoratif

néoclassicisme ; pré-urbanisme culturaliste

L'urbanisme monumental

L'expansion brutale des villes au XIXe siècle, liée à l'évolution des méthodes de construction et à l'activité économique et sociale, entraîne l'apparition de nouveaux types de bâtiments, alors qu'avec les bouleversements sociaux et politiques naissent de nouveaux besoins en institutions. Le concept de ville, tel qu'il avait évolué depuis la Renaissance ne pouvait répondre à ces défis ; les architectes et les urbanistes avancèrent donc à tâtons vers de nouveaux schémas d'urbanisme.

JEAN-FRANÇOIS THÉRÈSE CHALGRIN (1739-1811) ; CHARLES BARRY (1795-1860) ; GOTTFRIED SEMPER (1803-1879) ; JOSEPH POELART (1817-1879) ; CHARLES GARNIER (1825-1898) ; DANIEL BURNHAM (1846-1912)

grandiose ; commémoration ; pouvoir ; grandiloquence ; contrainte

Dans les années 1830 et 1840, les institutions urbaines se multiplièrent et leurs fonctions devinrent de plus en plus complexes. Dans ses clubs londoniens, et surtout avec le Parlement de Westminster, Charles Barry adapte à la perfection les modèles historiques aux besoins modernes. En apparence, l'opéra de Dresde de Gottfried Semper emprunte lui aussi aux formes historiques. Néanmoins, en résolvant les exigences volumétriques complexes exprimées par son ami Richard Wagner, il aboutit à un monument urbain accompli et crée une nouvelle forme monumentale. Ses écrits témoignent de la recherche d'une synthèse entre les découvertes archéologiques en plein essor à l'époque et une nouvelle technologie qui dépassent les classifications stylistiques existantes.

Au milieu du XIXe siècle, il devint indispensable de penser la ville dans sa globalité. Londres, Vienne et Paris apportèrent trois réponses différentes qui son autant d'archétypes. Celle de Londres fut pratique ; elle consista à créer le *Métropolitan Board of Works* destiné à mettre

en œuvre une politique d'hygiène publique, mais des travaux publics de grande envergure touchèrent bientôt tous les quartiers de la ville. Davantage tournée vers l'esthétique, Vienne reconvertit ses fortifications en Ringstrasse. Cette rocade située entre le noyau ancien et la périphérie de la ville, reliée aux chemins de fer et au nouveau réseau de tramways, entrecoupées de multiples places et jardins, devint le nouveau centre monumental représentatif des institutions civiles ou culturelles.

En 1850, lorsque Georges Eugène Haussmann devint préfet de la Seine, il s'entoura de nombreux ingénieurs pour réaliser ses projets d'embellissement et d'assainissement de Paris (création de jardins, de grandes avenues aux tracés rectilignes, des égouts, etc.). Ces travaux qui contribuèrent à rehausser le prestige du régime impérial, avaient aussi pour but politique la démolition des vieux quartiers qui, depuis 1789, constituaient les principaux foyers révolutionnaires. Ils obligèrent les populations ouvrières à émigrer vers les banlieues. Daniel Burnham adapta ce modèle pour l'embellissement de Chicago, symbole de l'expansion industrielle américaine ; dans son plan de 1909, qui ne vit pas le jour, un système de perspectives rayonnant à partir de monuments civiques couvre le quadrillage urbain originel.

ŒUVRES CLÉS

Opéra Garnier, Paris, France, CHARLES GARNIER, 1861-1874

L'opéra Garnier est le plus spectaculaire des grands édifices publics créés lors de la transformation de Paris par Haussmann ; il est intentionnellement situé au croisement de plusieurs boulevards longs et rectilignes. Sa façade opulente renforce l'effet de domination par l'association de motifs néoclassiques et de bustes de compositeurs célèbres qui établissent un lien visuel entre la fonction et la tradition architecturale.

Kunsthistoriches Museum (musée d'histoire de l'art), Vienne, Autriche, GOTTFRIED SEMPER, 1869

Le musée forme l'un des côtés du plan monumental de Semper pour la Burgplatz extérieure, partie du développement de la Ringstrasse qui transforma les fortifications de Vienne en une série de repères urbains. Avec le musée d'histoire naturelle, il encadre la Hofburg, le palais impérial, qui unit symboliquement l'empereur et la culture bourgeoise d'une façon et à une échelle impossible à atteindre avant le XIXe siècle.

AUTRES ŒUVRES

FRANCE L'Arc de triomphe, Paris, JEAN-FRANÇOIS THÉRÈSE CHALGRIN, 1806-1835

ANGLETERRE Marble Arch, Londres, JOHN NASH, 1828 ; Trafalgar Square, Londres, CHARLES BARRY, 1840

BELGIQUE palais de justice, Bruxelles, JOSEPH POELART, 1866-1883

ITALIE monument de Victor-Emmanuel II, Rome, GIUSEPPE SACCONI, 1885-1911

ÉTATS-UNIS World's Fair Site (site de l'exposition universelle), Chicago, Illinois, DANIEL BURNHAM, 1893

classicisme romain ; baroque ; préclassicisme

écologisme ; humanisme ; rationalisme

Le pré-urbanisme culturaliste

La vie à la campagne semblait une alternative séduisante à la misère des cités industrielles. L'architecture à la fin du XIXe siècle reflète ce dilemme entre des idéaux progressistes et des apparences traditionnelles. Mais il s'avéra extrêmement difficile de démêler la vraie préoccupation d'un progrès social de la nostalgie des relations sociales dans une société pré-industrielle.

PHILIP WEBB (1831-1915) ; NORMAN SHAW (1831-1912) ; CHARLES FRANCIS ANNESLEY VOYSEY (1857-1941) ; RAYMOND UNWIN (1863-1940) ; MACKAY HUGH BAILLIE SCOTT (1865-1945) ; BARRY PARKER (1867-1941) ; FRANK LLOYD WRIGHT (1867-1959)

cité-jardin ; banlieue ; ruralité ; simplicité ; naturel ; modération ; relations sociales ; communauté ; copropriété

Bien que dans les années 1880 les aspects décoratifs du néogothique se soient épuisés, l'héritage de ce courant emprunt de nostalgie idéalisée et de puritanisme avait survécu et s'était réincarné dans les mouvements de l'*Arts and Crafts* et du *Garden City*. William Morris, artisan, designer, écrivain et socialiste britannique, prêcha les vertus d'une vie simple, rurale et quasi médiévale que Philip Webb – qui conçut la « Maison Rouge » pour Morris – tenta d'incarner dans ses édifices ; il approcha parfois de la réussite.

Le mouvement *Arts and Crafts,* fondé sur les enseignements de Morris, impose une conception nouvelle de la sensibilité qui ouvre la voie aux élaborations architecturales ultérieures par sa façon de concevoir les parties comme autant de volumes architectoniques dépendant de l'usage qui en est fait. Dans le domaine des maisons individuelles, les génies de la composition comme Norman Shaw, Charles Voysey et Mackay H. Baillie Scott, parvinrent à transcender le passéisme inhérent à ce courant mais ne surmontèrent jamais la contradiction qu'il y avait à employer des méthodes traditionnelles pour résoudre les problèmes de la vie moderne.

On laissa à Ebenezer Howard, sténographe parlementaire, le soin de proposer une stratégie globale dans son *Tomorrow: A Peaceful Path to Real Reform* (« Demain : une voie pacifique vers une réforme réelle ») dans lequel il avançait que la copropriété favoriserait un usage plus équitable de la terre en permettant de contrôler la densité et la dimension des villages, de façon à ce que chacun vive près d'un centre d'emploi tout en jouissant de la nature. Même s'il n'imposait pas un style architectural manifeste, sa vision de l'urbanisme concordait avec les objectifs des *Arts and Crafts*. Quand Raymond Unwin et Barry Parker furent désignés pour concevoir la première cité-jardin, Letchworth (1903), ils veillèrent à ce que les caractéristiques architecturales vernacu-

laires imprègnent le lexique de la vie de ces cités autant que les valeurs artisanales et coopératives.

L'idéal des cités-jardins se répandit dans le monde sous une multitude de formes. Des capitales impériales en sont le fruit, à l'instar de Canberra et New Delhi, d'autres interprétations alimentèrent des expériences communautaires en Union soviétique.

ŒUVRES CLÉS

← Villa Waldbuhl, Uzwil, Suisse, MACKAY H. BAILLIE SCOTT, 1907-1911
Baillie Scott fut l'un des architectes les plus créatifs du mouvement anglais *Arts and Crafts*. Il réussit à associer des plans précis à des adaptations ou des reconstitutions de détails traditionnels. Même lorsqu'il travailla en Suisse, il su adapter les caractères traditionnels anglais tels que les colombages.

↑ The Red House (la « Maison Rouge »), Bexleyheath, Angleterre, PHILIP WEBB, 1859
Malgré un manque d'audace et une simplicité affectée, cette réalisation de Webb a reçu toutes les louanges. Construite pour William Morris, un *self-made man* qui prônait la révolution sociale en passant par un retour au Moyen Âge, la « Maison Rouge », comme on l'appela à cause de ses murs en brique nue, symbolise une culture tournée vers des valeurs d'intimité.

AUTRES ŒUVRES

ANGLETERRE Bedford Park, Londres, NORMAN SHAW, 1876 ; cité-jardin de Letchworth, RAYMOND UNWIN et BARRY PARKER, à partir de 1903 ; cité-jardin d'Hampstead Garden, faubourg de Londres, RAYMOND UNWIN, ouvrages d'EDWIN LUTYENS et MACKAY H. BAILLIE SCOTT, à partir de 1906

pittoresque ; fonctionnalisme

art industriel et décoratif ; rococo ; rationalisme

L'art industriel et décoratif

À partir de la fin du XIXe siècle, les architectes prirent conscience que les matériaux produits industriellement permettaient non seulement de créer des formes et des structures sans précédent, mais aussi de développer un nouveau langage décoratif. Encouragée par de nouvelles théories, cette capacité à insuffler un « esprit » ou un contenu artistique dans des produits inanimés et par ailleurs impersonnels ouvrit la voie à une synthèse entre les objets physiques et les idées.

OTTO WAGNER (1841-1918) ; ANTONIO GAUDI (1852-1926) ; LOUIS SULLIVAN (1856-1924) ; WILLIAM LETHABY (1857-1931) ; VICTOR HORTA (1861-1947) ; HENRI VAN DE VELDE (1863-1957) ; JOSEF MARIA OLBBRICH (1867-1908) ; HECTOR GUIMARD (1867-1942) ; PETER BEHRENS (1868-940) ; JOSEF HOFFMANN (1870-956)

expression ; lignes sinueuses ; décoration ; emblème ; fluidité

Alors que l'industrialisation transformait la société au point de la rendre méconnaissable, les intellectuels s'interrogeaient sur la notion de beauté associée aux produits manufacturés. Ces questions se posaient avec le plus d'acuité dans les lieux où l'industrialisation était la plus intense, à l'instar de Chicago et Berlin. August Endell soutenait que la beauté de telles villes ne pouvait être jugée selon des critères conventionnels. Mais à Vienne, Paris, Bruxelles, Barcelone et dans les pays nordiques, tous les architectes cherchaient de nouveaux moyens d'expression, hors de la tradition classique, et puisaient aux sources aussi diverses que la technologie et les mythes nationaux.

Le besoin impérieux d'unir l'art et l'industrie

devint quasiment universel, de William Lethaby en Grande-Bretagne à Henri van de Velde à l'École des arts appliqués de Weimar, qui allait devenir par la suite le Bauhaus. Peter Behrens, conseiller artistique pour la firme industrielle AEG, sut s'éloigner de la tradition passéiste et rénover les arts décoratifs en instaurant des relations entre les diverses disciplines artistiques, l'architecture et la production industrielle. Pionnier de l'architecture moderne en Allemagne, il prôna un strict fonctionnalisme ; visibilité de la structure, emploi systématique du béton, du fer et du verre, dépouillement des formes, comme en témoigne l'usine de turbines de l'AEG.

Mais chaque lieu présentait des spécificités. À Paris et à Bruxelles, Hector Guimard et Victor Horta incorporèrent des lignes fluides, évoquant des vrilles végétales, qui s'éloignaient des rigidités du classicisme des Beaux-Arts. Antonio Gaudi, esprit intensément religieux, fut quant à lui marqué par le symbolisme et manifesta sa conviction que la ligne courbe était d'essence divine dans sa cathédrale de la Sagrada Familia où les courbes, loin de n'être que décoratives, font partie intégrante de la structure. À Vienne, Otto Wagner, s'opposant à l'académisme, réalisa son chef-d'œuvre, la Postsparkasse (Caisse d'épargne postale), en donnant la primauté à la structure sur le décor.

À Chicago, l'ossature d'acier transforma totalement les immeubles. Louis Sullivan respecta la discipline qu'elle imposait en matière de proportions et conçut une ornementation inventive basée sur des formes naturelles.

ŒUVRES CLÉS

← **Grand magasin Carson Pirle Scott, Chicago, Illinois, États-Unis, LOUIS SULLIVAN, 1899**
Le grand magasin était un bâtiment d'un genre nouveau dont la construction était rendue possible par la charpente d'acier. Le plan de Sullivan associe la fonction et la structure dans un nouvel ordre architectural. Il conçut la ferronnerie décorative du rez-de-chaussée et du premier étage comme s'ils étaient des encadrements pour les vitrines, alors que la simplicité des étages supérieurs exprimait les proportions de l'acier.

↓ **Bouche du métro, porte Dauphine, Paris, France, HECTOR GUIMARD, 1900**
Les entrées de métro d'Hector Guimard, conçues entre 1899 et 1904, et leurs formes fluides en fer forgé ne sont pas seulement l'expression de la Belle Époque. Elles utilisent également les procédés modernes pour décorer et célébrer la nouvelle infrastructure du métropolitain.

AUTRES ŒUVRES

ESPAGNE Cathédrale de la Sagrada Familia, Barcelone, ANTONIO GAUDI, à partir de 1883

FRANCE Castel Bérenger, Paris, HECTOR GUIMARD, 1894-1898

BELGIQUE maison du Peuple, Bruxelles, VICTOR HORTA, 1896-1897 ; Palais Stoclet, Bruxelles, JOSEF HOFFMANN, 1905-1911

AUTRICHE maison de la Sécession, Vienne, JOSEF MARIA OLBBRICH, 1898 ; Postsparkasse, Vienne, OTTO WAGNER, 1904-1906

néoclassicisme ; rationalisme ; néorationalisme

baroque ; expressionnisme ; postmodernisme

L'architecture coloniale

La mise en contact des cultures européennes et non-européennes due à l'expansion coloniale eut des répercussions sur les diverses traditions architecturales. Là où les contacts étaient les plus intenses, une nouvelle forme d'architecture s'imposait. En d'autres termes, plus la synthèse esthétique était sophistiquée, plus l'architecture pouvait être vue comme un outil explicite de la politique coloniale.

CHARLES MANT (1839-1881) ; ROBERT CHISHOLM (1840-1915) ; SWINTON JACOB (1841-1917) ; WILLIAM EMERSON (1843-1921) ; HERBERT BAKER (1862-1946) ; EDWIN LUTYENS (1869-1944)

orientalisme ; administration ; colonialisme ; représentation

Les tout premiers bâtiments coloniaux reflétaient les modèles européens, mais les climats, les matériaux et les techniques de construction locaux entraînèrent rapidement de multiples variantes. En Inde, où se trouvait une riche tradition architecturale, la plupart des bâtiments coloniaux furent conçus par des ingénieurs militaires et, à travers ces modèles imparfaits, le néoclassicisme rejoignit les nombreuses vagues d'importations architecturales. Les princes indiens commencèrent lentement à incorporer des éléments européens à leurs palais

tandis que les Britanniques s'attachaient à comprendre l'architecture indienne. Sa complexité déconcertante semblait refléter la diversité politique indienne. Cependant, les ingénieurs et, plus tard, les architectes du service des travaux publics se mirent à concevoir un style composite appelé *indo-saracenic* (« indo-musulman »).

S'inspirant, du moins superficiellement, de diverses traditions, ce style codifiait le postulat admis par les Britanniques selon lequel les architectures hindoue et musulmane n'avaient pas de lien et qu'eux seuls étaient en mesure de les unir pacifiquement. Les implications politiques étaient manifestes. On trouve trace de ce style dans des monuments comme le Mayo College de Charles Mant où les princes indiens faisaient leurs études et dans les multiples mémoriaux aux vice-rois et à la reine Victoria.

New Delhi, conçue en 1910, poursuivit et acheva cette politique. Son principal architecte, Edwin Lutyens, exprimait son mépris pour l'architecture indienne mais en associa néanmoins divers éléments dans son chef-d'œuvre, le palais du vice-roi. Moins brillant, mais encore plus convaincu de sa légitimité, Herbert Baker bâtit sa réputation sur l'amalgame de styles sans recherche du Cap avec le style *Arts and Crafts*, pour les millionnaires qui avaient fait fortune dans la région aurifère du Rand, en Afrique du Sud. Sa collaboration avec Lutyens à Delhi s'acheva dans l'amertume, mais son Union Buildings de Pretoria, commencé en 1909 pour symboliser l'« union » de l'Afrique du Sud après la guerre des Boers, est grandiose. Que Mandela est choisi cet édifice pour son investiture présidentielle prouve à quel point la force de l'architecture peut survivre à son objectif originel.

ŒUVRES CLÉS

← Palais du vice-roi, New Delhi, Inde,
EDWIN LUTYENS, 1912-1930

Lutyens mit en pratique sa maîtrise d'une géométrie complexe dans cette apothéose de la nouvelle capitale de l'Inde. Union symbolique restreinte des architectures indienne et européenne, elle est aussi une composition qui s'élève au-dessus de son décor et le domine, dans une plaine parsemée de vestiges des cités anciennes.

→ Union Building, Pretoria, Afrique du Sud,
HERBERT BAKER, 1909-1912

Baker avait prévu une acropole impériale pour la capitale de l'Union d'Afrique du Sud, créée en 1910 sur deux colonies britanniques et deux républiques boers indépendantes. Les deux corps de bâtiment principaux, situés sur une colline surplombant la ville, sont réunis symboliquement par une colonnade en demi-cercle.

AUTRES ŒUVRES

INDE Madras University Senate House, ROBERT CHISHOLM, 1874-1879 ; Mayo College, Rajasthan, CHARLES MANT, 1875-1879 ; Laksmi Vilas Palace, Baroda, SWINTON JACOB, 1881-1890 ; Victoria Memorial, Calcutta, WILLIAM EMERSON, 1901-1921 ; Secretariat Buildings, New Delhi, HERBERT BAKER, 1912-1930 ; India Arch, New Delhi, EDWIN LUTYENS, 1921-1931

urbanisme monumental ; préclassicisme ; architecture hindouiste ; pittoresque

régionalisme ; néogothique

L'architecture coloniale

4

LE MODERNISME

L'expressionnisme

Relevant davantage d'une forme de pensée que d'un mouvement défini, l'expressionnisme, en architecture, est issu du postulat selon lequel un bâtiment peut transmettre une réflexion individuelle sans la médiation de conventions ou de styles architecturaux. Après la Première Guerre mondiale, il fournit un point de ralliement à ce qui allait devenir l'architecture moderne.

PETER BEHRENS (1868-1940) ; HANS POELZIG (1869-1936) ; FRITZ HÖGER (1877-1949) ; BRUNO TAUT (1880-1938) ; MICHEL DE KLERK (1884-1923) ; PIETER KRAMER (1881-1961) ; ERICH MENDELSOHN (1887-1953) ; GIOVANNI MICHELUCCI (1891-1990) ; EERO SAARINEN (1910-1961) ; JORN UTZON (1918-) ; GÜNTER BEHNISCH (1922-)

expression ; agitation ; instabilité ; anthropomorphisme

Les volumes audacieux que les bâtiments industriels exigeaient et l'absence de tradition en la matière offrirent pour la première fois aux architectes la liberté d'expérimenter des formes spectaculaires à partir 1914. L'un des premiers exemples fut l'extraordinaire association d'un château d'eau et d'un hall d'exposition à Poznan, en Pologne, que l'on doit à Hans Poelzig (1911). Cependant, à partir de 1918, nombre d'architectes, surtout en Allemagne, expérimentèrent des formes irrégulières et des effets théâtraux. Il s'agissait souvent de projets délibérément inconstructibles – à l'instar des gratte-ciel de verre de Mies van der Rohe – mais qui suscitaient force polémique. Les ouvrages de l'école d'Amsterdam, plus réalistes, notamment dans le domaine du logement, affichaient des formes anthropomorphiques. Ils participèrent, dans les années 1920, à l'expansion du sud de la cité.

Le constructivisme et le fonctionnalisme partageaient les formes puissantes et parfois étranges de l'expressionnisme à certains détails près. Le constructivisme tentait de concevoir une nouvelle esthétique fondée sur la machine, tandis que le fonctionnalisme cherchait à faire se correspondre formes architecturales et fonctions qui leur étaient assignées.

La Tour Einstein d'Erich Mendelsohn, à Potsdam (1917-1921), amena l'expressionnisme à son apogée. Elle tentait de traduire la célèbre formule du physicien dans des formes architecturales fluides, comme si se forgeait une nouvelle relation entre l'espace et le temps. La plupart des adeptes de l'expressionnisme s'assagirent ultérieurement et évoluèrent vers le fonctionnalisme ou le rationalisme. L'expressionnisme fournit néanmoins un exutoire vital à des idées formelles, à une époque où toutes les autorités et les traditions semblaient pouvoir être remises en cause.

ŒUVRES CLÉS

Tour Einstein, Potsdam, Allemagne, ERICH MENDELSOHN, 1917-1921
La conception et les lignes sculpturales hyper-modernes de cet observatoire d'astrophysique incarnent la recherche d'une relation entre de nouvelles formes et de nouvelles fonctions, propre aux années 1920.

↓ **Opéra de Sidney, Sidney, Australie, JORN UTZON, 1956-1973**
Utzon fut l'un des premiers architectes à exploiter le potentiel expressif des coquilles en béton avec le soutien des compétences en ingénierie d'Ove Arup and Partners. Cet édifice, d'une conception résolument originale, insuffle de la liberté dans une ville par ailleurs assez guindée.

AUTRES ŒUVRES

ALLEMAGNE Glashaus (maison de verre) à la Werkbund-Austellung (exposition), Cologne, BRUNO TAUT, 1914 ; Farbwerke Hoechst (usine de colorants), Francfort, PETER BEHRENS, 1920-1925 ; Chilehaus (maison du Chili), Hambourg, FRITZ HÖGER, 1922-1923 ; Olympiapark (site olympique), Munich, GÜNTER BEHNISCH, 1967-1972

PAYS-BAS quartier d'Eigen Haard, Amsterdam, MICHEL DE KLERK, 1921

ÉTATS-UNIS Terminal TWA, Aéroport JFK, EERO SAARINEN, 1958-1962

ITALIE San Giovanni Battista, Florence, GIOVANNI MICHELUCCI, 1960-1963

néogothique ; art industriel et décoratif ; constructivisme ; déconstructivisme

rationalisme ; style international ; néoclassicisme ; néorationalisme

L'architecture organique

L'architecte américain, Frank Lloyd Wright, s'appliqua à repenser l'architecture en tenant compte des possibilités offertes par les nouveaux matériaux, mais aussi en fonction du mode de vie contemporain. Il chercha notamment à reconsidérer les rapports de l'individu, de l'architecture et de la nature. Ainsi, définit-il l'architecture organique fondée en partie sur une conception mystique de la nature.

LOUIS SULLIVAN (1856-1924) ; BERNARD MAYBECK (1862-1957) ; FRANK LLOYD WRIGHT (1867-1959) ; CHARLES et HENRY GREENE (1868-1957, 1870-1954) ; ALBERT KAHN (1869-1942) ; GEORGE HOWE (1886-1955) ; RUDOLPH SCHINDLER (1887-1953) ; RICHARD NEUTRA (1862-1970) ; WILLIAM LESCAZE (1896-1969) ; LOUIS KAHN (1901-1974) ; BRUCE GOFF (1904-1982)

liberté ; démocratie ; identité nationale

Dans les années 1890, l'architecture américaine se lança dans plusieurs voies. Le *Shingle style* (style bardeaux) de la côte est et le *Bay style* (style de la baie de San Francisco) en Californie associaient des compositions complexes et des détails éclectiques à une organisation de l'intérieur novatrice. Cependant, à Chicago, les architectes commençaient à élaborer une architecture entièrement nouvelle basée sur l'ossature d'acier, l'ascenseur et les ornements produits industriellement. Louis Sullivan, l'un des architectes leaders de cet tendance, pensait qu'en architecture comme dans la nature, la forme découlait de l'essence de la tâche qu'elle servait.

Franck Lloyd Wright alla plus loin que son « *lieber meister* » en cherchant une unité entre la forme et la fonction, qu'il baptisa « architecture organique », terme renvoyant à son amour

ŒUVRES CLÉS

← Yale University Art Gallery, New Haven, Connecticut, États-Unis, LOUIS KAHN, 1951-1954

La première commande importante de Louis Kahn était une critique éloquente du modernisme de plus en plus banalisé, importé d'Europe. Dans la galerie d'art de Yale, il introduisit des effets sculpturaux dans la structure du toit et l'escalier central afin d'organiser un plan libre.

de la nature. Les fortes lignes horizontales de ses premières « maisons de la Prairie » semblent les lier à la terre et leur plan intérieur innovant introduit de nouveaux concepts d'espace et de composition. Les *Usonian Houses* (*Usionan* venant de United States of North America) des années 1930 étaient une volonté de mettre une telle architecture à la portée de tous les Américains, du moins du plus grand nombre. Encore plus complexes sur le plan spatial, mais plus simple en matière de construction pour réduire les coûts, elles étaient également liées à leur site et au style de vie de leurs clients.

Rudolph Schindler et Richard Neutra, initialement employés par Wright, développèrent certains de ces principes en Californie. Louis Kahn, autre grande figure de l'architecture de cette époque, explora lui aussi les interactions entre la forme, la fonction et la structure. Bien qu'il ait montré certaines affinités avec les idéaux sociaux des modernistes européens, Kahn créa à partir des années 1950 des designs inventifs sur le plan de la forme et de la composition. Son influence en tant qu'architecte et enseignant fut considérable ; parmi ses étudiants, on trouve Charles Moore et Robert Venturi, les plus grands post-modernistes américains.

← Greg Affleck House, Bloomfield Hills, Michigan, États-Unis, FRANK LLOYD WRIGHT, 1941

Pendant toute sa longue carrière, Wright fut associé à la quête d'une architecture authentiquement américaine. Dans les années 1930, il explora des méthodes de construction simples et standardisées afin de faire bénéficier de son architecture un public plus large. La maison de Greg Affleck est l'une des *Usonian Houses* qui furent le fruit de cette démarche. Un plan subtil permet de créer des effets inventifs d'espace, de lumière et de texture.

AUTRES ŒUVRES

ÉTATS-UNIS maison des Gamble, Pasadena, Californie, GREENE & GREENE, 1908-1909 ; Lovell Beach House, Newport Beach, Californie, RUDOLPH SCHINDLER, 1925-1926 ; Lovell House, Los Angeles, Californie, RICHARD NEUTRA, 1927-1929 ; gratte-ciel PSFS, Philadelphie, Pennsylvanie, GEORGE HOWE et WILLIAM LESCAZE, 1929-1932 ; Bavinger House, Norman, Oklahoma, BRUCE GOFF, 1950-1955

régionalisme ; pré-urbanisme culturaliste ; post-modernisme

rationalisme ; purisme

Le constructivisme

Parmi les mouvements d'architecture radicale qui se sont brièvement épanouis entre la Révolution d'octobre et la période du réalisme socialiste imposé dans les années 1920, le constructivisme est celui qui a eu l'influence la plus durable. Bien que largement abstrait et volontairement non référentiel, certains échantillons de ce courant reflètent des formes puissantes, laissant peut-être entendre que la science brute, mais néanmoins idéalisée, pourrait remplacer les valeurs russes traditionnelles et vider l'art de son contenu spirituel.

KONSTANTIN MELNIKOV (1890-1974) ; VLADIMIR TATLINE (1885-1953) ; LEONID, VICTOR et ALEXANDRE VESNINE (1880-1933, 1882-1950, 1883-1959) ; IVAN LEONIDOV (1902-1959) ; NIKOLAI MILIOUTINE (1889-1942)

radicalisme ; expérimentation ; avant-garde ; art et société ; renouveau ; agit-prop

Le constructivisme partait de deux postulats ; d'une part, l'architecture pouvait refléter et même donner naissance à la nouvelle société soviétique, d'autre part la biologie et la physique lui fourniraient une base rationnelle. Les processus scientifiques devaient engendrer de nouvelles formes et la tradition artistique était par conséquent superflue.

À l'origine, le constructivisme trouva un débouché dans des œuvres d'art éphémères sujettes à polémique, mais son champ d'action demeurait vaste. Milioutine proposa une forme idéale de ville soviétique, alors que d'autres se tournaient vers les « condenseurs sociaux », des bâtiments et des institutions d'un genre innovant qui devaient favoriser l'avènement d'une société nouvelle. Les formes anguleuses et puissantes des clubs ouvriers de Melnikov, à Moscou, sont remarquables ; inspirés des structures industrielles à grande échelle que l'Union soviétique tenait tant à promouvoir, ces clubs donnaient une dimension monumentale aux associations de travailleurs.

Le monument à la IIIe Internationale de Vladimir Tatline étaie les théories du constructivisme, même s'il n'a jamais dépassé le stade du projet. Son objectif est authentiquement soviétique et sa forme suit une spirale logarithmique bien qu'il se réfère explicitement à la Tour Eiffel.

Dans son ardeur à traduire les produits industriels en langage formel abstrait, le constructivisme appartient aux mouvements expérimentaux du début des années 1920 qui forment les composantes du modernisme. Il est aussi résolument russe en cela qu'il puise ses racines dans la violente polémique post-révolutionnaire portant sur le rôle de l'art dans l'expression des aspects de la vie quotidienne. Déterminer comment une science soi-disant objective peut être traduite dans une forme construite relevait inévitablement de la subjectivité. Le constructivisme se situait donc à la lisière « dangereuse » entre le design fonctionnel et l'art subjectif, ce qui en fit une cible toute trouvée quand la subjectivité devint politiquement suspecte aux yeux du régime soviétique. Néanmoins, ses idées survécurent au travers d'ouvrages interdits diffusés clandestinement et inspirèrent plusieurs générations d'architectes hors des frontières de l'Union soviétique.

ŒUVRES CLÉS

→ **Monument à la IIIe Internationale, VLADIMIR TATLINE, 1920**

La célèbre tour de Tatline, ici en reconstitution, rend à la fois le dynamisme structurel et la nature éphémère – s'apparentant presque à un champ de foire – des premières conceptions constructivistes. La science et l'art agit-prop devaient se combiner pour conduire le peuple vers une nouvelle culture prolétarienne.

AUTRES ŒUVRES

RUSSIE projet pour l'immeuble de la Pravda, Moscou, ALEXANDRE VESNINE, 1923 ; institut Lénine, Moscou, IVAN LEONIDOV, 1927 ; club Roussakov, KONSTANTIN MELNIKOV, 1927-1928

UKRAINE barrage du Dnieprostroï, VICTOR VESNINE, 1932

expressionnisme ; déconstructivisme ; fonctionnalisme

rationalisme ; post-modernisme

Le purisme

Les architectes furent prompts à réagir face aux révolutions qui se produisirent dans l'univers des arts plastique à Paris à partir de l'expressionnisme. Les premiers résultats furent néanmoins souvent éclectiques et confus et l'influence de courants spécifiques est difficile à préciser. Mais après les années post-cubistes, et sous l'influence majeur de Le Corbusier, l'art et l'architecture modernes développèrent une esthétique présentant des points communs évidents.

LE CORBUSIER (188-1965) ; ANDRÉ LURÇAT (1894-1970) ; JOSEF HAVLICEK et KAREL HONZIK (1899-1961, 1900-1966) ; BERTHOLD LUBETKIN (1901-1990)

volume ; forme ; espace ; lumière ; pureté

Après un début de carrière éclectique, influencé par les *Arts and Crafts*, Charles-Edouard Jeanneret, dit Le Corbusier, compléta sa formation à l'école d'art de la Chaux-de-Fonds par des voyages en Europe, en Afrique du Nord et dans les Balkans, se passionnant pour les formes d'architecture les plus diverses. Installé à Paris en 1917, il condamna le formalisme de l'école des Beaux-Arts et déclara la guerre au cubisme dans son *Après le cubisme* (1918), manifeste du purisme, mouvement pictural s'inspirant de l'esthétique fonctionnelle des machines qui prônait le recours à des formes essentielles, établies suivant des plans verticaux, et à la recherche d'un équilibre structurel dans les compositions.

Le Corbusier condamnait radicalement les mouvements existants tout en s'en inspirant. Tout comme le cubisme, la peinture puriste présentait les objets sous un jour insolite mais, au lieu de les fragmenter, mettait l'accent sur leur caractère volumétrique. C'est ce qui sous-tendait la définition de Le Corbusier selon laquelle « l'architecture est le jeu savant,

correct et magnifique des volumes assemblés sous la lumière ».

Dans les années 1920, il élabora une esthétique, liée à jamais au modernisme, de formes allongées blanches semblant flotter dans l'espace, issue d'une compréhension de la technologie autant que de l'art. Les nouvelles méthodes de construction, soutenait-il, coupent la relation entre la structure et le revêtement et permettent de soulever les bâtiments au-dessus du sol. Les toits-terrasses créèrent une nouvelle relation entre la nature et l'édifice, alors que les baies vitrées horizontales offraient à la vision un cadre totalement différent de celui du fenêtrage conventionnel.

À ce stade de sa carrière, Le Corbusier partageait la certitude des rationalistes selon laquelle la production industrielle affinerait les objets jusqu'à leurs formes essentielles et en ferait ainsi les constituants clés du design architectural. Ses conceptions continuèrent cependant d'évoluer et, à partir des années 1930, son travail acquit une simplicité accrue tout en conservant son sens aigu de la forme.

ŒUVRES CLÉS

↑ Villa Savoye, Poissy, France, LE CORBUSIER, 1929-1931

« La machine à habiter », telle était la définition de la maison par Le Corbusier dans les années 1920 et ce plan résume beaucoup de ses idées de l'époque. L'esthétique puriste de cette maison se révèle dans les éléments subtilement agencés, les pilotis, les fenêtres en longueur, le toit-jardin.

← Penguin Pool (piscine des Pingouins), Regent's Park Zoo, Londres, Angleterre, BERTHOLD LUBETKIN, 1934

Influencé par l'esthétique puriste de Le Corbusier, Lubetkin s'affirma aussi comme l'héritier du constructivisme russe dans sa rampe à double hélice, créant ici l'image la plus inoubliable du modernisme britannique.

AUTRES ŒUVRES

FRANCE maisons Laroche et Jeanneret, Paris, LE CORBUSIER, 1923 ; villa Stein, Garches, LE CORBUSIER, 1927 ; villa Seurat, Paris, ANDRÉ LURÇAT, 1925-1926
RÉPUBLIQUE TCHÈQUE Caisse publique de retraites, Prague, JOSEF HAVLICEK et KAREL HONZIK, 1929-1933

rationalisme ; néoclassicisme ; fonctionnalisme ; constructivisme

art industriel et décoratif ; expressionnisme ; post-modernisme

Le rationalisme

Au début du XXe siècle, le rationalisme acquit une nouvelle dimension esthétique. Il tendait à remettre en cause la fonction de l'art par rapport à l'ordre social et à l'intégrer à la civilisation industrielle. Il fut à l'origine de multiples changements dans la conception de l'habitat collectif et populaire.

WALTER GROPIUS (1883-1969) ; LUDWIG MIES VAN DER ROHE (1886-1969) ; ERNST MAY (1886-1970) ; LE CORBUSIER (1887-1965) ; GERRIT RIETVELD (1888-1964) ; HANNES MEYER (1889-1954) ; JACOBUS JOHANNES PIETER OUD (1890-1963)

production industrielle ; plan rationnel ; structure

Les exemples d'architecture visant à améliorer les conditions sociales ne manquaient pas depuis le milieu du XIXe siècle et, quant à savoir si une nouvelle technologie exigeait de nouvelles formes d'architecture, le débat était encore plus ancien. Cependant, la fusion entre ces deux courants fut provoquée par le désarroi social qui envahit l'Europe à la fin de la Première Guerre mondiale. Si cette rhétorique semblait si séduisante aux nouveaux régimes, en Union soviétique comme en Allemagne, c'est que le rationalisme raisonnait sur une grande échelle et plaçait la planification au-dessus des bâtiments individuels, tout comme le collectif devait primer sur l'individuel. L'architecture semblait en mesure de tirer profit des progrès scientifiques pour conduire à un nouvel ordre social. C'est dans ce contexte que naît le mouvement artistique de la Nouvelle Objectivité (*Neue Sachlichkeit*) qui, en réaction à l'expressionnisme et son effusion sentimentale, souhaite revenir au réel et au quotidien.

Le rationalisme modifia la conception de l'habitat populaire à grande échelle, notamment à Francfort et Berlin. Souvent la construction individuelle n'était quant à elle revêtue que d'une mince couche de modernisme, bien qu'Ernst May à Francfort et Gropius dans ses maisons de Weissenhofsiedlung se soient colletés avec le préfabriqué et la production industrielle.

Les formes élémentaires du rationalisme, les grandes ouvertures et le brouillage des distinctions traditionnelles entre la façade et l'arrière, l'intérieur et l'extérieur, devinrent synonymes d'architecture moderne. Pour parachever la transformation du rationalisme, d'une pratique entremêlant progrès social et production industrielle à une esthétique, Henry Russell Hitchcock et Philip Johnson n'eurent qu'à rapporter les images, sans le programme social sous-jacent, aux États-Unis pour leur exposition de 1932 au Museum of Modern Art (MoMA, Musée d'art moderne).

ŒUVRES CLÉS

← **Maisons-témoins, Weissenhofsiedlung (cité expérimentale de Weissenhof), Stuttgart, Allemagne, JACOBUS OUD, 1927**
Le *Deutscher Werkbund* (Association allemande des artisans) organisa la conception de la Weissenhofsiedlung afin de démontrer le potentiel de la « Nouvelle architecture » dans le domaine du logement. Elle devint une vitrine des formes simples et disciplinées du rationalisme. Coordonné par Mies van der Rohe, le résultat contredit l'hétérogénéité de sa conception et présente une construction apparemment homogène.

↓ **Bauhaus, Dessau, Allemagne, WALTER GROPIUS, 1926**
L'école d'architecture et d'art, Bauhaus, constituée par Gropius en 1919 se trouvait à l'origine à Weimar. Des difficultés politiques nécessitèrent son déménagement à Dessau ce qui permit à Gropius de concevoir les nouveaux bâtiments. Leur plan en soleil met délibérément toutes les élévations au même niveau et suggère le dynamisme, alors que les dimensions immenses des murs de verre immortalisent les techniques industrielles mises en œuvre pour l'édifier.

AUTRES ŒUVRES

ESPAGNE Pavillon de Barcelone, exposition internationale de Barcelone, LUDWIG MIES VAN DER ROHE, 1929

PAYS-BAS Schröderhuis (maison Schröder), Utrecht, GERRIT RIETVELD, 1924-1925

suprématie des matériaux ; fonctionnalisme ; style international

expressionnisme ; post-modernisme ; architecture totalitaire

Le fonctionnalisme

Les fonctionnalistes élaborèrent la théorie selon laquelle les formes pouvaient être développées spécifiquement pour correspondre aux fonctions qu'elles remplissaient. Ses idées fournirent une base prétendument objective à l'invention formelle. L'architecture, selon le fonctionnalisme, répondait à des besoins humains et non à une tradition.

LOUIS SULLIVAN (1856-1924) ; FRANK LLOYD WRIGHT (1867-1959) ; HUGO HÄRING (1882-1958) ; HANS SCHAROUN (1893-1972) ; ALVAR AALTO (1898-1976) ; JAMES STIRLING (1924-1992)

fonction ; forme ; procédé ; industriel

Bien que l'idée de la forme découlant de la fonction s'ancre dans les premières expériences modernistes des années 1920, ses origines sont beaucoup plus anciennes. Les théoriciens français de l'architecture du siècle des Lumières ébranlèrent la foi traditionnelle en la supériorité des formes classiques et Hegel, dans son *Esthétique* affirmait que les origines de l'architecture devaient résider dans la nécessité de fournir des lieux destinés à des activités sociales spécifiques ou de remplir une fonction. Au milieu du XIXe siècle, la manière dont de nouvelles fonctions pourraient revigorer l'architecture était une question aussi brûlante que l'était le rôle des matériaux. Elle était au cœur de l'enseignement de la très influente école des Beaux-Arts.

À la fin des années 1920, le fonctionnalisme était indéfectiblement associé aux formes organiques libres d'architectes tels qu'Hugo Häring et Hans Scharoun qui voyaient les bâtiments comme des outils de l'activité humaine. C'est l'introduction de cette dimension sociale qui conduisit le fonctionnalisme au-delà de l'expressionnisme, alors que ses formes irrégulières et parfois compliquées le mettaient en opposition avec la prétendue objectivité du rationalisme.

Bannis du courant dominant du modernisme, en grande partie pour cause de désaccords avec Le Corbusier, les fonctionnalistes trouvèrent asile en Scandinavie. Le Suédois Gunnar Asplund, par exemple, eut quelques affinités avec le mouvement local *Funkis*, même si son œuvre comportait également des éléments néoclassiques. Mais dans son association de formes libres et de matériaux naturels, organisés autour des besoins de l'homme, le Finlandais Alvar Aalto démontra que la réflexion fonctionnaliste pouvait être plus humaine que le fonctionnalisme. Cet aspect du modernisme, parfois appelé l'« autre tradition » en opposition au courant dominant centré sur Le Corbusier et Mies van der Rohe, réapparut dans les années 1950 et 1960 et atteignit son apogée avec le théâtre philharmonique de Berlin de Scharoun.

Les architectes les plus talentueux du mouvement attribuèrent à la fonction une charge symbolique, confirmant indirectement l'assertion du philosophe autrichien Ludwig Wittgenstein « le sens est dans l'usage ». Ils prémunirent leur architecture contre la banalité où tomba le fonctionnalisme dans les années 1960.

ŒUVRES CLÉS

← **Théâtre philharmonique, Berlin, Allemagne, HANS SCHAROUN, 1960-1963**

Scharoun fut, dans les années 1920, l'un des principaux partisans du fonctionnalisme en tant que base de la forme architecturale moderne. Dans cette salle de concert, son chef-d'œuvre, la conception de la salle vise à optimiser la qualité acoustique et la ligne de vision à partir de chaque siège, d'où sa forme d'ensemble et les sièges à différents niveaux sur un plan irrégulier.

↓ **Hôtel de ville, Seinäjoki, Finlande, ALVAR AALTO, 1958-1960**

Aalto déclara que « le public [...] et les bâtiments séculiers d'usage courant devraient être dans une harmonie quelque peu mystérieuse », ce qui souligne l'aspect symbolique et social de sa conception du fonctionnalisme. Le rez-de-chaussée ouvert, la salle principale émergeant du toit et le lien avec ses autres ouvrages du centre-ville étayent sa vision de l'humanisme libéral.

AUTRES ŒUVRES

ÉTATS-UNIS Auditorium, Chicago, Illinois, LOUIS SULLIVAN, 1887-1889 ; Unity Temple (Temple de l'unité), Oak Park, Chicago, FRANK LLOYD WRIGHT, 1905-1907

ALLEMAGNE ferme de Garkau, près de Lübeck, HUGO HÄRING, 1924-1925

ANGLETERRE Leicester University Engineering Building (Faculté d'ingénierie), JAMES STIRLING (avec JAMES GOWAN), 1959-1963

expressionnisme ; constructivisme

post-modernisme ; déconstructivisme

L'architecture verticale

Dans les métropoles, plus les terrains prenaient de valeur, plus les bâtiments s'élevaient dans le ciel. Les architectes avaient commencé à mobiliser toute leur ingéniosité depuis la fin du XIXe siècle pour relever le défi que représentaient l'édification de ces gratte-ciel.

WILLIAM LE BARON JENNEY (1832-1907) ; DANIEL BURNHAM (1846-1912) ; RICHARD SHREVE, WILLIAM LAMB et ARTHUR HARMON (1877-1946, 1883-1952, 1878-1958) ; RAYMOND HOOD (1881-1934) ; WILLIAM VAN ALEN (1883-1954) ; LUDWIG MIES VAN DER ROHE (1886-1969) ; WALLACE HARRISON (1895-1981) ; HUGH STUBBINS (1912-) ; CESAR PELLI (1926-)

hauteur ; ligne d'horizon ; « fait social total »

Dans la seconde moitié du XIXe siècle, deux développements techniques majeurs, l'ascenseur sécurisé et l'ossature d'acier, permirent de réaliser de grands immeubles. À Chicago en particulier, à partir des années 1870, des architectes comme William Le Baron Jenney, Daniel Burnham et Louis Sullivan commencèrent à admettre que les volumes accrus et les nouvelles structures pouvaient bouleverser complètement les conventions architecturales. Sullivan, avec son essai *Tall Office Building Artistically Considered*, (« Le grand immeuble de bureaux considéré d'un point de vue artistique ») fut le premier à tenter une théorisation de la conception des gratte-ciel. De la dimension de l'ossature d'acier il tira des proportions élégantes et une ornementation créative inspirée de formes naturelles.

Chicago continua d'inspirer les ouvrages architecturaux innovants tout au long des années 1920. Lors du concours portant sur une tour destinée au Chicago Tribune, en 1922, les projets affluèrent du monde entier, ce qui permit de mettre en compétition, fait rare à l'époque, le modernisme européen et nord-américain. Cependant, c'est New York qui devint le centre de conception des gratte-ciel, le Chrysler Building (1930) et l'Empire State Building (1931) rivalisant pour le titre de plus grande structure au monde. Ces deux édifices étayaient le raisonnement de Sullivan selon lequel la croissance démographique et le besoin d'immeubles de bureaux exigeraient des bâtiments toujours plus importants sur des sites toujours plus restreints, ce qui ne serait réalisable qu'en gagnant en hauteur. La conception du Rockefeller Center permit d'élaborer un plan d'urbanisme, mêlant des constructions hautes et de taille moyenne situées autour du RCA Building de Raymond Hood.

Après 1945, Chicago reprit l'initiative, en grande partie grâce à l'ingéniosité du cabinet d'architectes Skidmore, Owings & Merrill qui arriva à réduire la présence de l'acier dans une structure et, par conséquent, à optimiser les coûts de revient.

ŒUVRES CLÉS

Chrysler Building, New York, États-Unis, WILLIAM VAN ALEN, 1930
La décoration « Jazz Age » et le pinacle effilé font du Chrysler Building la quintessence du gratte-ciel des années 1920. Il fut terminé juste après le krach de Wall Street ; les gratte-ciel ultérieurs furent de conception plus sobre.

Seagram Building, New York, MIES VAN DER ROHE avec le concours de PHILIP JOHNSON, 1954-1958
Depuis son arrivée aux États-Unis en 1938, Mies van der Rohe avait développé une esthétique puissante à partir d'une lecture pénétrante des ossatures d'acier. Il tenta de traduire l'essence d'un grand immeuble en édifiant le Seagram Building, souvent qualifié de rationnel et d'impersonnel.

AUTRES ŒUVRES

ÉTATS-UNIS Chicago Tribune Tower, Illinois, RAYMOND HOOD, 1925 ; Empire State Building, New York, SHREVE, LAMB et HARMON, 1931 ; Rockefeller Center, New York, WALLACE HARRISON et autres, 1931-1940 ; 860-880 Lake Shore Drive, Chicago, MIES VAN DER ROHE, 1950-1951 ; Citicorp Center, New York, HUGH STUBBINS, 1977

MALAISIE Petronas Tower, Kuala Lumpur, CESAR PELLI, 1998

architecture totalitaire ; style international

écologisme ; régionalisme

L'architecture totalitaire

Les régimes totalitaires de la première moitié du siècle dernier exercèrent un contrôle absolu sur la production architecturale. Ils disposaient de moyens financiers suffisants pour coordonner des forces immenses au service de leur autorité, avec des résultats qui reflètent le dilemme inhérent à leur idéologie : proclamer sa puissance et ses prouesses technologiques, tout en se référant au passé et aux valeurs nationales.

ALEXEI CHTCHOUSSEV (1873-1949) ; PAUL TROOST (1879-1934) ; MARCELLO PIACENTINI (1881-1960-) ; LEV ROUDNEV (1885-1956) ; BORIS IOFAN (1891-1976) ; GIUSEPPE TERRAGNI (1904-1943) ; ALBERT SPEER (1904-1981)

pouvoir ; colossal ; historicisme ; geste

Que ce soit dans l'Allemagne nazie, l'Italie fasciste ou l'Union soviétique, tous les régimes totalitaires des années 1930 et 1940 utilisèrent l'architecture pour asseoir leur politique d'État. Ces trois pays avaient dans un premier temps encouragé des avant-gardes remarquables.

En Italie, l'avant-garde survécut et devint partie prenante de l'architecture officielle. On retrouve diverses interprétations du modernisme dans les centres de loisirs construits pour les enfants d'émigrés qui jouissaient de vacances patronnées par l'État, tout comme dans le quartier général du parti fasciste et dans les gares qui fleurirent dans tout le pays. Cette participation de l'État aboutit à la création d'une unité symbolique et opérationnelle que le pays n'avait jamais connue auparavant.

À son niveau le plus abouti, cette politique produisit des chefs-d'œuvre rationalistes, comme la Casa del Fascio (Maison du fascisme), à Côme, de Giuseppe Terragni. Ce bâtiment fascine les architectes en raison de la complexité rigoureuse de la construction, des détails et de la composition et parce qu'il remet en question le postulat du XIXe siècle selon lequel une société infâme produit nécessairement une mauvaise architecture. Mais l'empreinte indélébile qui marquait le rationalisme italien poussa Ernesto Rogers, survivant de la période fasciste, à rejeter le rationalisme et à lancer le « régionalisme » dans sa Torre Velasca, à Milan.

Les régimes nazi et soviétique furent plus brutaux vis-à-vis de l'héritage de leurs avant-gardes, donnant raison à Walter Benjamin qui pensait

Casa del Fascio (Maison du fascisme), Côme, Italie, GIUSEPPE TERRAGNI, 1932-1936
Réinterprétation aux proportions élégantes, mais austère, du *palazzo*, cet immeuble de bureaux servait également de lieu de rassemblement. Ses proportions et sa géométrie sont extraordinairement sophistiquées. Il est caractéristique de l'état du rationalisme italien à cet époque, pris entre le besoin impérieux de moderniser la société et le souci d'une expression hautement artistique.

que le fascisme représentait l'esthétisation suprême de la politique. Albert Speer redessina Berlin pour Adolf Hitler autour d'une reconstitution colossale du Panthéon. Son vaste Zeppelinfeld (stade Zeppelin) à Nuremberg avait précédemment servi de cadre aux films de propagande de Leni Riefenstahl.

En Russie, le rejet des plans de Le Corbusier pour le palais des Soviets au profit d'un « gâteau de mariage stalinien » couronné d'une statue géante de Lénine marqua une rupture symbolique nette avec l'avant-garde. Bien que certaines conceptions constructivistes aient survécu dans l'urbanisme, les bâtiments s'ornèrent de caricatures insipides aux relents traditionalistes.

ŒUVRES CLÉS

◄ **Université Lomonossov, Moscou, Russie,**
LEV ROUDNEV, 1947-1952
Staline envoya secrètement ses architectes étudier les gratte-ciel aux États-Unis. L'objectif était de les préparer à la conception des « Sept sœurs », sept immeubles gigantesques qui devaient proclamer les valeurs bolcheviques dans Moscou et offrir des vues imprenables sur la ville. Cette tour de 240 m de haut abrite l'université de Moscou et est flanquée de quatre ailes contenant des logements pour les étudiants. Sa décoration évoque également la technologie soviétique.

AUTRES ŒUVRES

RUSSIE Mausolée de Lénine, Moscou, ALEXEI CHTCHOUSSEV, 1924-1930 ; Maison sur le Quai (complexe d'appartements), Moscou, BORIS IOFAN, 1928-1931 ; **ALLEMAGNE** Haus der Kunst (Maison de l'art allemand), Munich, PAUL TROOST, 1933-1937 ; Chancellerie, Berlin, ALBERT SPEER, 1938 ; **ITALIE** EUR (exposition universelle de Rome), MARCELLO PIACENTINI et autres, 1937-1942 ; **POLOGNE** Palais de la culture et de la science, Varsovie, LEV ROUDNEV, 1955

préclassicisme ; urbanisme monumental ; piétisme ; architecture verticale

rationalisme ; écologisme ; régionalisme

Le style international

La diffusion internationale du mouvement moderne, entravée par la montée du fascisme et du nazisme, est relancée dès les années 1930 par les États-Unis qui accueillent la culture européenne. Dans le même temps, le développement des grandes sociétés nord-américaines génèrent de nouveaux besoins en création architecturale. Bien qu'il soit apparenté au fonctionnalisme et au rationalisme, ce courant doit son caractère spécifique à l'influence des entreprises américaines.

LOUIS SULLIVAN (1856-1924) ; FRANK LLOYD WRIGHT (1867-1959) ; ALBERT KAHN (1869-1942) ; LUDWIG MIES VAN DER ROHE (1886-1969) ; PHILIP JOHNSON (1906-2005) ; EERO SAARINEN (1910-1961) ; SKIDMORE, OWINGS & MERRILL (fondé en 1936)

modernisme ; fonctionnalisme ; gestion ; image de marque ; industrie ; affaires ; taille ; rationalité

Dans les années 1920, les architectes américains, notamment Albert Kahn, concevaient des usines qui avaient une allure aussi fonctionnelle que toutes les réalisations des maîtres du modernisme européen. Au cours de la décennie suivante, Frank Lloyd Wright, qui avait déjà créé des immeubles de bureaux reflétant les nouveaux principes de l'organisation des sociétés, conçut le siège social de Johnson Wax dans le Wisconsin. En règle générale, les architectes se conformaient à la distinction qu'avait établie Kahn entre la construction de bâtiments dit de production et la représentation architecturale que les sièges sociaux nécessitaient. Les centres de Detroit, Chicago et New York, contrastaient avec la périphérie où se trouvait le secteur industriel par une décoration somptueuse, si ce n'est par un historicisme affiché.

Lors de leur exposition de 1932 au MoMA (Museum of Modern Art, New York) où fut défini le « Style international », Henry-Russell Hitchcock et Philip Johnson présentèrent les aspects hétérogènes du modernisme européen comme une entité unifiée et démontrèrent que la distinction de Kahn était dénuée de sens. Les grandes sociétés qui se voulaient résolument contemporaines après la Dépression et la Seconde Guerre mondiale adhérèrent à ce message. Ainsi, sur Park Avenue à New York, le Lever House de Skidmore, Owing & Merrill (1952) inaugura un nouveau style associant une tour qui transperce la ligne d'horizon et un podium qui affirme sa présence au sol. Ses 24 étages furent rapidement dominés par le Seagram Building de Mies van der Rohe, face à lui.

Alors que l'économie américaine fonçait vers une hégémonie mondiale, bientôt aucune ville d'Amérique du Nord ne parut achevée sans gratte-ciel de verre et d'acier. L'esthétique industrielle en était venue à dominer l'image de marque comme la puissance des sociétés commençait à dominer la vie publique.

ŒUVRES CLÉS

→ **Siège social de Johnson Wax, Racine, Wisconsin, États-Unis, FRANK LLOYD WRIGHT, 1944-1950**
Ici, Wright a attribué à chaque fonction de l'entreprise un bâtiment conçu pour répondre à ses besoins spécifiques. Fermé sur l'extérieur et recevant la lumière du plafond, chacun de ces bâtiments est une incitation à la concentration et au travail. Wright a également conçu le mobilier destiné au siège administratif.
Vu de l'extérieur il apparaît comme une forme massive en briques rouges ; la tour fut ajoutée ultérieurement pour créer un point de focalisation.

Les parties basses des édifices unissaient souvent les laboratoires de recherches aux centres de production usines. Ainsi, le siège social de John Deere conçu par Eero Saarinen, ou son centre technique General Motors, associent de façon évocatrice la réalité et l'esthétique de la fonction à l'image de marque. Dans ses ouvrages pour IBM et Mobil, Eliot Noyes, architecte américain et designer industriel, montra comment l'image d'une société pouvait être un outil de politique institutionnelle. Il mit à profit les chocs économiques mondiaux des années 1970 pour suggérer une autre relation entre le monde des affaires et le design.

← **Lever House, Park Avenue, New York, États-Unis, SKIDMORE, OWINGS & MERRILL, 1952**
Ce building, construit pour la société Lever Brothers, démontra que le modernisme européen pouvait s'adapter aux besoins d'une entreprise. Son design net et d'apparence rationnelle reflétait l'efficacité commerciale et l'ouverture aux nouvelles technologies. L'idée d'une tour et d'une partie basse horizontale sur pilotis fut largement copiée par la suite. Les conceptions ultérieures firent évoluer une construction aux dimensions soigneusement calculées pour créer des environnements d'entreprise et pour coordonner les agencements intérieurs et le mobilier.

AUTRES ŒUVRES

ÉTATS-UNIS Guaranty Building, Buffalo, New York, LOUIS SULLIVAN, 1895 ; Larkin Building, Buffalo, FRANK LLOYD WRIGHT, 1905 ; Ford Glass Factory, Detroit, Michigan, ALBERT KAHN, 1922 ; bâtiment administratif John Deere, Moline, Illinois, EERO SAARINEN, 1957-1963

rationalisme ; architecture organique ; postmodernisme

constructivisme ; écologisme

Le brutalisme

Bien que ce terme ait été appliqué à toute forme d'architecture impopulaire de l'après-guerre, le brutalisme a des origines plus précises. En 1954, le terme de *New brutalism* fut d'abord employé pour désigner un groupe d'architectes britanniques entourant Peter et Alison Smithson ; il caractérisait leur fascination pour l'expression brute des matériaux, des formes et des fonctions.

LE CORBUSIER (1887-1965) ; LOUIS KHAN (1901-1974) ; PAUL RUDOLPH (1918-1997) ; PETER et ALISON SMITHSON (1923-2003, 1928-1993) ; JAMES STIRLING (1924-1992)

honnêteté ; matériau

Le programme de travaux publics de grande envergure entrepris en Angleterre dans l'immédiat après-guerre adopta rapidement le modernisme, mais en raison de la pénurie de matériaux et d'un manque de connaissances, les réalisations n'avaient souvent de moderniste que le nom. Inspirés tout à la fois par les analyses novatrices de l'historien d'art allemand Rudolf Wittkower et la rigueur apparente des nouveaux ouvrages de Le Corbusier et Mies van der Rohe, de jeunes architectes cherchèrent une base intellectuelle plus crédible pour leurs travaux. Ils la trouvèrent en greffant une mise en pratique radicale de la vieille doctrine de « l'honnêteté vis-à-vis des matériaux » sur les formes développées par Mies van der Rohe dans le campus de l'institut de technologie de l'Illinois (1939-1956). L'école de Hunstanton dans le Norfolk expose délibérément la totalité de sa structure, des matériaux et des services avec une extraordinaire clarté.

Le chroniqueur du mouvement, Reyner Banham, soutenait que le brutalisme était plus « éthique » qu'« esthétique ». Il cherchait consciemment à créer une architecture qui reste en dehors de la tradition et des canons conven-

tionnels du goût et qui crée ses effets par des matériaux mis à nu et des formes sans concession censées découler de la fonction. Après Le Corbusier, le béton devait être utilisé à l'état brut. Toute forme de revêtement, y compris une protection contre les intempéries, était considérée comme « immorale », ce qui conférait une charge émotionnelle aux débats polémiques. Il est difficile d'ignorer l'effet esthétique de la disposition des fenêtres dans la maison de Sugden conçue par Peter et Alison Smithson ou l'élégance des détails de l'Economist building à Londres, mais leurs créateurs soutenaient que ces effets étaient le fruit de l'agencement logique d'objets ordinaires et non la recherche d'une esthétique particulière.

Le brutalisme eut des équivalents hors de Grande-Bretagne, notamment aux États-Unis, avec l'emploi du béton strié par Paul Rudolph. En Suède, dans les années 1950, Sigurd Lewerenz marqua son retour à l'architecture après trente ans d'absence, en délaissant son premier langage audacieusement néoclassique pour des matériaux et des formes qui étaient bruts sans être jamais grossiers.

ŒUVRES CLÉS

← **Hunstanton School, Norfolk, Angleterre, PETER et ALISON SMITHSON, 1949-1954**
Les Smithson réduisirent l'esthétique rationaliste de Mies van der Rohe au strict minimum, donnant à chaque élément une base « objective », point de départ d'une architecture ne se référant à rien d'autre qu'à elle-même ou à sa fonction.

↑ **Couvent Sainte-Marie-de-la-Tourette, Éveux-sur-l'Arbresle, France, LE CORBUSIER, 1957-1960**
Dans cet ouvrage, Le Corbusier explora les potentialités du béton brut dans la création de diverses textures, formes et conditions d'éclairage. En cela, il était proche de la pensée du brutalisme que ses défenseurs préféraient considérer comme une éthique plutôt qu'une esthétique.

AUTRES ŒUVRES

ANGLETERRE Sugden House, Watford, PETER et ALISON SMITHSON, 1955-1956 ; Economist building, Londres, PETER et ALISON SMITHSON ; ensemble résidentiel d'Ham Common, Londres, JAMES STIRLING (et JAMES GOWAN), 1955-1958

ÉTATS-UNIS Art and Architecture Building, Yale, New Haven, Connecticut, PAUL RUDOLPH, 1958-1964

fonctionnalisme ; rationalisme ; purisme

postmodernisme ; déconstructivisme

AU-DELÀ DU MODERNISME

Le structuralisme

S'inspirant des théories de l'anthropologie, notamment celles de Claude Lévi-Strauss, le structuralisme se fonde sur un postulat selon lequel les schémas sous-jacents aux relations sociales et aux comportements humains peuvent fournir une base à une architecture qui ne soit pas gouvernée par la seule technologie.

RALPH ERSKINE (1913-1995) ; JACOB BAKEMA (1914-1981) ; ALDO VAN EYCK (1918-1999) ; HERMAN HERTZBERGER (1932-)

regroupement ; assemblée ; formation sociale ; interaction

Après la Seconde Guerre mondiale, les multiples reconstructions offraient au modernisme le terrain vierge dont il avait tant besoin pour prouver sa capacité à créer des villes. Mais les débats sur des sujets tels que le monumentalisme et la hiérarchie au sein du Congrès international d'art moderne, qui avait défini l'orthodoxie moderniste depuis sa formation en 1928, furent rapidement l'objet de controverses.

Conduit par des architectes trop jeunes pour avoir agi avant 1939, le mouvement structuraliste rejetait la technologie en tant que moteur de l'architecture et cherchait des archétypes qui restent constants en dépit des changements historiques. Son chef de fil, Aldo Van Eyck, avait voyagé en Afrique du Nord et adopté la proposition de Claude Lévi-Strauss selon laquelle toute structure sociale est fondée sur la communication et l'échange. Agir au sein de ces structures sociales apportait à la vie un sens et un enrichissement ; rester en dehors était une forme d'exil.

Lévi-Strauss avait appliqué une théorie linguistique à l'anthropologie. En l'introduisant en architecture, Van Eyck affirma qu'il fallait identifier ces schémas sous-jacents. Bien qu'exigeant de toute évidence une structure physique, les espaces et les formes d'un bâtiment devaient alimenter plutôt qu'entraver l'interaction sociale, son expression esthétique étant secondaire. Cependant, presque automatiquement, les édifices structuralistes figèrent des structures sociales qui auraient dû être souples en structures physiques rigides et leurs formes devinrent des images identifiables.

Van Eyck était un membre éminent du Team X, la jeune génération d'architectes qui ébranla le Congrès international d'art moderne dans les années 1950. Plusieurs autres membres du groupe, dont Peter et Alison Smithson, proposaient des plans urbains à grande échelle dont ils affirmaient qu'ils découlaient de schémas sous-jacents bien qu'abstraits. Le Corbusier se joignit à la fête en travaillant à un dernier projet pour l'hôpital de Venise qui eut le grand mérite de n'être jamais construit. Le plus réussi de ces projets fut le plan d'ensemble de l'université libre de Berlin, conçu par l'équipe Candilis-Josic-Woods dont les idéaux libéraux et le programme ouvert étaient très proches du structuralisme.

ŒUVRES CLÉS

→ **Siège des assurances Beheer, Apeldoorn, Pays-Bas, HERMAN HERTZBERGER, 1970-1972**

Dans la vision originale qu'avait Herman Hertzberger d'un bureau moderne, l'espace était éclaté en une série de petites unités, reliées physiquement et visuellement et comportant souvent des installations collectives, le tout dans un volume global.

AUTRES ŒUVRES

PAYS-BAS Orphelinat, Amsterdam, ALDO VAN EYCK, 1957-1960 ; école Montessori, Delft, Pays-Bas, HERMAN HERTZBERGER, 1966-1970 ; hôpital psychiatrique, Middelharnis, JACOB BAKEMA, 1973-1974

ALLEMAGNE Frei Universität (université libre), Berlin, CANDILIS-JOSIC-WOODS, 1963-1978

ANGLETERRE Clare Hall College, Cambridge, RALPH ERSKINE, 1967

rationalisme ; écologisme ; constructivisme ; brutalisme ; métabolisme

rationalisme ; postmodernisme

Le régionalisme

Le régionalisme naît en réaction à l'uniformité du modernisme. Bien que par définition elles varient selon les lieux géographiques, ce qui unit les différentes réalisations du régionalisme dans une tendance cohérente, si ce n'est dans un mouvement formel, est l'attachement commun à des conceptions répondant à des conditions locales, s'inspirant souvent autant des traditions que du modernisme.

HASSAN FATHY (1900-1989) ; LUIS BARRAGÁN (1902-1988) ; BRUCE GOFF (1904-1982) ; OSCAR NIEMEYER (1907-) ; ERNESTO ROGERS (1909-1969) ; GEOFFREY BAWA (1919-2003) ; CHARLES CORREA (1930-) ; RAJ REWAL (1934-)

technologie appropriée ; réinterprétation ; adaptation

Alors que le modernisme était devenu le courant architectural dominant en Occident, il apparut vite évident que, même s'ils étaient applicables universellement, ses qualités d'innovation, les matériaux, les formes et les techniques de construction employées par ses créateurs étaient parfois difficilement transférables. Le Corbusier releva ces défis dans la nouvelle ville de Chandigarh, en Inde. C'est là qu'avec ses collaborateurs, Max Fry et Jane Drew, il prit conscience que le climat et l'industrie du bâtiment indiens exigeaient des adaptations.

Du bouillonnant et éclectique Bruce Goff, en Oklahoma, à l'exquise sensibilité de Geoffrey Baw, au Sri Lanka, nombre d'autres architectes trouvèrent leur propre voie pour intégrer les principes formels du modernisme en employant les matériaux locaux et en se référant aux traditions autochtones. Kenneth Frampton, dans son ouvrage de

référence *Towards a Critical Regionalism* (« Vers un régionalisme critique ») reconnaissait rétrospectivement une tendance qui avait débuté des décennies auparavant, mais offrait une légitimité théorique à la diffusion des objectifs modernistes en les adaptant aux conditions locales telles que le climat, la lumière et la topographie.

Le régionalisme reçut des échos particulièrement favorables dans les zones où à une position critique vis-à-vis du modernisme international s'ajoutait une dimension politique, comme en Amérique latine et en Inde. Les ouvrages de Luis Barragán au Mexique et Oscar Niemeyer au Brésil représentent des variantes vivantes du modernisme. Dans les deux cas, ils sont appuyés par une ingénierie innovante contribuant à créer des formes extraordinairement dynamiques qui sont au moins aussi spécifiques des traditions nationales que du Bauhaus.

L'architecture indienne est moins spectaculaire en apparence. Pour des urbanistes comme Charles Correa et Raj Rewal, l'héritage est une source d'inspiration mais ne doit pas être calqué car il peut bénéficier des apports du modernisme et de ses dimensions sociales absentes de la tradition architecturale indienne. Leur travail est une subtile synthèse des deux influences.

ŒUVRES CLÉS

↑ **Parlement, Kotte (à l'extérieur de Colombo), Sri Lanka, GEOFFREY BAWA, 1979-1982**
Conçu comme une île dotée d'une relation axiale vers le centre de Colombo, ce monument postcolonial est typique du régionalisme car il incorpore les concepts d'espace et les matériaux locaux dans une ossature qui doit beaucoup au modernisme.

← **Musée d'art contemporain de Niteroi, Rio de Janeiro, Brésil, OSCAR NIEMEYER, 1991-1996**
Le Brésil a développé sa propre tradition du modernisme, en grande partie grâce à Oscar Niemeyer. L'un de ses thèmes récurrents est l'emploi qu'il fait des structures en béton, supportant ici une forme évoquant un vaisseau de l'espace et qui semble suspendu.

AUTRES ŒUVRES

ÉGYPTE Village de Gourna, près de Louxor, HASSAN FATHY, 1948 ; **BRÉSIL** pavillons d'exposition du parc d'Iribapuera, OSCAR NIEMEYER, 1951-1954 ;
ITALIE Torre Velasca, Milan, ERNESTO ROGERS, 1954-1958 ; **INDE** musée de l'Ashram de Gandhi, Ahmadabad, CHARLES CORREA, 1963
MEXIQUE Los Clubes (complexe résidentiel), Mexico, LUIS BARRAGÁN, 1967-1968

écologisme ; structuralisme

post-rationalisme ; style international

Le métabolisme

Créé dans les années 1960, le groupe dit des « métabolistes » était composé de jeunes et talentueux architectes japonais qui atteignirent la maturité juste après la Seconde Guerre mondiale. La réflexion du groupe reflétait et répondait aux préoccupations d'une société vivant une croissance économique rapide. En agissant en tant que groupe, ces architectes fournirent une plate-forme à partir de laquelle l'architecture japonaise dans son ensemble put avoir une influence internationale.

TANGE KENZO (1913-2005) ; FUMIHIKO MAKI (1928-) ; KIYONORI KIKUTAKE (1928-) ; KISHO KUROKAWA (1934-)

symbiose ; communication ; technologie ; information

Le modernisme architectural avait au Japon une longue histoire et comptait déjà plusieurs représentants distingués lorsque, dans les années 1950, la tradition japonaise associée à une expansion économique rapide permit une rupture décisive avec ses racines européennes. Tange Kenzo, qui devint l'éminence grise du métabolisme, essaya d'incorporer l'essence de la tradition japonaise dans son architecture, s'y référant par analogie plus que par copie fidèle. Il fut également influencé par les derniers travaux de Le Corbusier, comme le pavillon Philips à l'Exposition universelle de Bruxelles de 1958, une forme audacieuse et totalement neuve issue de principes mathématiques.

Mais c'est l'apparition de l'électronique grand public qui décida les métabolistes à se constituer en groupe lors de la Conférence mondiale de Tokyo sur le design de 1960. Les métabolistes affirmaient que les gadgets électroniques gommaient complètement la distinction entre zones publiques et privées. Il devenait possible d'écouter la radio n'importe où et de se livrer à une activité privée en public. Ils étaient convaincus que cette évolution avait des implications profondes dans les lieux d'habitation qu'ils envisageaient comme des capsules emplies de technologie, les institutions publiques qu'ils voyaient comme des réseaux et des nœuds, et les villes, comme des terrains d'expérimentation. Leur imagerie graphique puise aux sources de la science-fiction.

L'Exposition universelle d'Osaka en 1970 porta les prouesses économiques japonaises et les métabolistes sur le devant de la scène mondiale, mais à l'époque le groupe commençait à connaître des divergences. Arata Isozaki, qui ne fut jamais officiellement membre du groupe, recherchait des formes élémentaires, platoniciennes, qui auraient une fonction d'ordonnancement dans un océan d'électronique.

La relation entre les royaumes du virtuel et du réel reste aujourd'hui encore une préoccupation centrale de l'architecture japonaise.

ŒUVRES CLÉS

← **Tour des capsules de Nagakin, Tokyo, Japon, KISHO KUROKAWA, 1972**
D'après les métabolistes, la technologie industrielle permettrait de considérer les espaces privés comme des « modules » dotés de tous les moyens techniques, comme les capsules individuelles de cette tour. Ils devaient être reliés par les moyens de communication et de transport qui constituaient le tissu public de la cité.

→ **Hôtel de ville, Tokyo, Japon, TANGE KENZO, 1991**
Tange Kenzo, l'un des architectes japonais les plus marquants de la seconde moitié du xxe siècle, influença fortement le métabolisme. Cet ouvrage tardif aux formes audacieuses et où la technologie est reine évoque ses préoccupations majeures. Les tours jumelles dépassant 200 m de haut comptent parmi les plus élevées de Tokyo. En plaçant l'espace public au sommet, ce bâtiment rejoint l'idée métaboliste selon laquelle la technologie reconfigure la relation entre les domaines publics et privés.

AUTRES ŒUVRES
JAPON Sky House, Tokyo, KIYONORI KIKUTAKE, 1959 ; université de Rissho, Kumagaya, FUMIHIKO MAKI, 1967-1968 ; tour Sony, Osaka, KISHO KUROKAWA, 1976

techno-architecture ; brutalisme ; structuralisme ; régionalisme

postmodernisme ; néoclassicisme

Le postmodernisme

Appliqué à l'architecture, le postmodernisme se réfère à divers courants qui cherchent, à partir des années 1960, à élargir le champ du sens et des références que peut véhiculer l'architecture et que l'orthodoxie moderniste semblait étouffer jusque-là. Ses sources vont de la tradition historique à la culture populaire. L'unité de ce courant s'exprime par l'attachement au pluralisme de la forme et du sens dont il témoigne. Le postmodernisme expose la façon dont l'architecture peut renouer le contact avec le lieu, la tradition et la communauté.

CHARLES MOORE (1925-1994) ; ROBERT VENTURI (1925-) ; DENISE SCOTT BROWN (1931-) ; JAMES STIRLING (1926-1992) ; MICHAEL GRAVES (1934-) ; HANS HOLLEIN (1934-) ; TERRY FARRELL (1938-) ; ROBERT STERN (1939-) ; JOHN OUTRAM (1934-) ; LEON KRIER (1946-)

syntaxe ; ambiguïté ; référence ; ironie ; pluralisme ; symbolisme

Force architecturale dominante après la Seconde Guerre mondiale, le modernisme révélait ses limites dans ses rapports au contexte et sa capacité à créer du sens. Si le postmodernisme était avant tout une critique du modernisme, il présentait également quelque affinité avec les contestations politique et communautaire de l'époque.

Robert Venturi fut le premier et surtout le plus érudit avocat du postmodernisme. Auteur en 1966 de *Complexity and Contradiction in Architecture* (« De l'ambiguïté en architecture »), il parvint dans une œuvre déterminante – la maison conçue pour sa mère à Philadelphie – à élaborer une architecture riche de symbolisme. L'objectif de Venturi, ancien élève de Louis Kahn, n'était pas de se débarrasser du modernisme mais de l'éloigner de ce qu'il considérait être un mercantilisme banal pour le faire entrer en communication avec la tradition et le sens. Ainsi était posé le cadre du postmodernisme aux États-Unis, où la différence entre le modernisme et le *pomo* (postmodernisme) se limitait fréquemment à un système de revêtement, comme dans l'immeuble de la société AT&T de Philip Johnson ou dans de nombreux ouvrages de Michael Graves.

En Europe, où le modernisme était avant tout une manifestation de la politique sociale, le postmodernisme prit un tour différent.

Leon Krier, conseiller du prince Charles d'Angleterre, ne voyait dans le modernisme qu'une aberration qui détruisait les communautés. Aldo Rossi considérait quant à lui les schémas sous-jacents de la forme urbaine comme la seule base pertinente de l'architecture, en communication avec la tradition. La liberté de se référer à cette tradition permit à James Stirling d'exprimer pleinement son sens du monumental.

↑ **Staatsgalerie, Stuttgart, Allemagne, JAMES STIRLING, 1977-1984**
Les références néoclassiques dépouillées, comme la corniche, confirment les tendances monumentalistes de Stirling, mais il s'agit d'une monumentalité postérieure au modernisme. Les couleurs vives donnent à ce mélange complexe de références culturelles une dimension populaire. Par ailleurs, au niveau du soubassement, des fragments de mur sont dispersés sur le sol comme s'ils avaient été projetés à l'extérieur, révélant l'ossature d'acier moderniste cachée derrière le formalisme de la maçonnerie en pierre.

ŒUVRES CLÉS

← **Maison de Vanna Venturi, Chestnut Hill, Philadelphie, États-Unis, ROBERT VENTURI, 1964**
Venturi démontre avec cette création que même une petite maison peut être riche de sens, de références et de symbolisme. La cheminée est un symbole ancestral de la vie familiale, l'effet triangulaire du toit à double pente rappelle un fronton classique et l'asymétrie équilibrée des fenêtres est un procédé moderniste, voire constructiviste. L'arche incrustée réunit symboliquement le fronton scindé tout en soulignant la rupture.

AUTRES ŒUVRES
AUTRICHE Boutique du joaillier Schullin, Vienne, HANS HOLLEIN, 1972-1974 ; **ÉTATS-UNIS** hôtels Disney, Floride, MICHAEL GRAVES, 1987-1990 ; siège social de Disney, Californie, MICHAEL GRAVES, 1988-1990 ; **ANGLETERRE** Pumping station (station de pompage), Isle of Dogs, Londres, JOHN OUTRAM, 1988

baroque ; néorationalisme

style international ; techno-architecture ; rationalisme

La techno-architecture

Dans les années 1950, l'association de l'imagerie de science-fiction et de l'offre croissante de gadgets grand public modifia la relation entre l'architecture et la technologie. Le terme « techno » définit la façon dont les architectes tentèrent de rapprocher l'imaginaire et les possibilités réelles qu'offrait la nouvelle technologie.

RICHARD BUCKMINSTER FULLER (1895-1983) ; CHARLES et RAY EAMES (1907-1978, 1912-1988) ; RON HERRON (1930-1994) ; RICHARD ROGERS (1933-) ; CEDRIC PRICE (1934-2003) ; NORMAN FOSTER (1935-) ; MICHAEL HOPKINS (1935-) ; PETER COOK (1936-) ; RENZO PIANO (1937-) ; NICHOLAS GRIMSHAW (1938-)

technologie ; légèreté ; efficacité ; cadre

En 1960, le critique britannique Reyner Banham enjoignait les architectes à se dépouiller de leur « bagage » culturel architectural afin de tirer parti de la technologie. Il soutenait que le modernisme s'était embourbé dans une obsession malsaine, quasiment historiciste, de la forme et de la composition, au moment précis où les automobiles et les robots de cuisine devaient libérer l'individu des hiérarchies sociales et des traditions débilitantes.

La réflexion de Banham trouva plusieurs échos, entre autres chez Cedric Price. Mu par son engagement politique autant que son goût pour la technologie, cet architecte original, quasiment inclassable, considérait les projets architecturaux comme autant d'opportunités de réordonner la société. En collaboration avec Joan Littlewood,

directrice de théâtre, il proposa un *Fun Palace* issu d'une imagerie industrielle séduisante qui bouleversait les conventions de la scène. Quant à son projet intitulé *Potteries Thinkbelt*, il présentait l'éducation supérieure comme un outil de régénération urbaine et de renouveau social. Aucun de ces projets ne fut réalisé.

Le groupe Archigram exerça lui aussi une forte influence au travers de son enseignement et de ses réalisations dans le domaine des arts graphiques. Cependant, il fut également contrecarré dans ses tentatives de mise en œuvre. Son imagerie séduisante et ses affinités claires avec les *swinging sixties* (les années 1960) semblaient annoncer de nouvelles possibilités.

La « technophilie » de Banham, alliée à son enthousiasme pour les *Case Study houses* (maisons expérimentales) californiennes contribua à donner forme à l'architecture high-tech des premiers travaux de Richard Rogers et Norman Foster. Fuller était plus littéralement technophile et profondément influencé par l'Américain Buckminster Fuller. Pour Rogers, la technologie était un moyen de parvenir à l'épanouissement individuel et à la rupture avec la tradition et la convention. Au regard de leur esthétique technique, des créations comme le siège de Lloyd à Londres affichaient une dichotomie aussi déconcertante que celle existant entre l'imagerie fantasmatique et la réalité de la consommation de gadgets d'abord encouragée par le technocentrisme.

ŒUVRES CLÉS

← (page précédente) **Centre Georges-Pompidou, Paris, France, RENZO PIANO et RICHARD ROGERS, 1971-1977**
C'est Piano et Rogers qui remportèrent ce concours pour un centre artistique porteur d'une vision radicale et qui revendiquait l'accès « démocratique » à l'art. Les différents étages du centre ne comportent ni murs ni colonnes ; les objets, les livres ou les expositions peuvent être placés n'importe où. Cette conception exigeait une infrastructure très complexe. Les installations de chauffage, de refroidissement et d'éclairage donnent à l'arrière du bâtiment une expression monumentale.

→ **Sainsbury Centre, université d'East Anglia, Norwich, Angleterre, NORMAN FOSTER, 1978**
La raison d'être du « high tech » britannique était de transformer la structure et, de plus en plus, les installations comme la ventilation et la plomberie en formes expressives. Dans ce centre d'arts plastiques à l'allure de hangar d'aviation, la structure et les services partagent une zone définie par l'ossature. Les parois de verre laissent pénétrer la lumière du soleil qui élève la température intérieure et qui convient aux objets d'art.

AUTRES ŒUVRES

GRANDE-BRETAGNE Lloyd's Building, Londres, RICHARD ROGERS, 1978-1986 ; usine Immos, Newport, Pays de Galle, RICHARD ROGERS, 1980-1982 ; laboratoires Schlumberger, Cambridge, MICHAEL HOPKINS, 1985 ; siège d'Imagination, Londres, RON HERRON, 1990

ÉTATS-UNIS Eames House, Los Angeles, Californie, CHARLES et RAY EAMES

CANADA pavillon des États-Unis (dôme géodésique), Exposition universelle de Montréal, Québec, RICHARD BUCKMINSTER FULLER, 1967

métabolisme ; rationalisme ; écologisme

postmodernisme ; régionalisme

Le néorationalisme

Le néorationalisme se distingue des courants antérieurs par sa conviction que l'architecture est fondée sur la compréhension des modèles des cités européennes traditionnelles plus que sur une structure ou une forme abstraite. Le développement de ces villes évolue autour de formes fondamentales, plus ou moins constantes, qui subsistent en dépit du changement de fonction. En tant que véhicule d'idées et de valeurs culturelles, ces formes dépouillées deviennent les éléments essentiels des nouvelles conceptions.

OSWALD UNGERS (1926-) ; ALDO ROSSI (1931-1997) ; ALVARO SIZA (1933-) ; MARIO BOTTA (1943-)

cité ; type ; histoire ; forme

Le néorationalisme est apparu dans les années 1960. Il était centré sur le besoin de recréer un lien avec l'héritage des cités historiques, notamment d'Europe, qui avaient échappé aux ravages de l'industrialisation et de la guerre. Ses praticiens rejetaient les concepts modernistes de forme urbaine et avançaient que tout le tissu d'une ville – ses rues et ses immeubles d'habitation comme ses monuments – était essentiel à sa personnalité. Ces éléments évoluant au fil du temps, ils se figent en éléments qui subsistent, quelle que soit leur fonction, et s'ancrent dans la mémoire collective.

Pour l'Allemand Oswald Ungers et l'Italien Aldo Rossi, deux des néorationalistes les plus éminents, ces formes fournissent des correspondances avec le passé ; leurs plans sont à réutiliser et à réinterpréter comme essences abstraites et non comme modèles à copier avec exactitude.

Rossi était profondément influencé par la peinture de Giorgio de Chirico. Ses édifices sont d'une austérité poignante et leurs formes paraissent vouloir parler sans jamais y parvenir. Ce qu'ils auraient à dire semble puiser dans l'essence même de leur tradition culturelle, et leur incapacité à l'exprimer confine au tragique. Pour les néorationalistes, cette situation est due à l'inévitable crise provoquée par l'aliénation à laquelle à conduit le capitalisme et aux deux catastrophes que représentèrent le nazisme et le régime soviétique. Leurs théories architecturales prennent nettement appui sur des concepts sociaux et politiques.

Rossi adopta certains aspects du surréalisme, jouant avec la forme et l'échelle dans la conception de théières qui ressemblaient à des immeubles et des immeubles dont l'échelle était impossible à étalonner.

ŒUVRES CLÉS

← Cimetière de San Cataldo, Modène, Italie, ALDO ROSSI, à partir de 1980

Rossi traite un cimetière comme une cité des morts. Pour lui, une ville est une réunion de formes archétypales qui ont subsisté et évolué à travers l'histoire. Ici, les monuments sont l'ossuaire de couleur rouge et une cheminée de crématorium où, à l'instar des vivants, les restes humains sont abrités dans des immeubles sobres le long de rues à arcades.

↓ Centre galicien d'art contemporain, Saint-Jacques-de-Compostelle, Espagne, ALVARO SIZA, 1988-1993

Cette forme apparemment simple révèle rogressivement une extraordinaire complexité créée par les contrastes avec l'histoire du site, les monuments environnants et le tracé des rues.

AUTRES ŒUVRES

ALLEMAGNE Maison de Ungers, Cologne, OSWALD UNGERS, 1959 ; **ITALIE** unité résidentielle de Gallaratese, Milan, ALDO ROSSI, 1970-1973 ; **SUISSE** école de Morbio Inferiore, MARIO BOTTA, 1972-1977 ; **PORTUGAL** église Santa Maria de Canaveses, Marco de Canaveses, région de Porto, ALVARO SIZA, 1990-1996

rationalisme ; néoclassicisme ; à la recherche du sublime

techno-architecture ; écologisme

Le déconstructivisme

Le déconstructivisme, forgé à partir de la notion de constructivisme et du concept philosophique de déconstruction au sens de Jacques Derrida, essaya d'identifier un terrain commun entre une nouvelle inventivité formelle et les tentatives de diversification des bases théoriques de l'architecture. Ce courant émergea dans les années 1980 en réaction aux faiblesses évidentes et à l'effondrement des conventions modernistes.

GÜNTER BEHNISCH (1922-) ; FRANK GEHRY (1929-) ; PETER EISENMAN (1932-) ; BERNARD TSCHUMI (1944-) ; HELMUT SWICZINSKY (1944-) ; ZAHA HADID (1950-) ; WOLF PRIX (1942-)

langage ; signification ; négativité

L'évolution politique et économique à laquelle s'ajoutait une nouvelle vague de théories rendirent l'architecture plus diverse dans les années 1980 qu'elle ne l'avait été pendant une génération. Les réalisations et les fondements intellectuels de l'architecture de cette époque démontrèrent cette diversité. Les tabous qui pesaient sur l'architecture du passé furent levés et l'histoire architecturale devint un catalogue de motifs assumés; par ailleurs, des architectes portés sur la spéculation intellectuelle se tournèrent vers les théories du moment, tel le poststructuralisme français, dans lesquels ils trouvaient des analogies avec leur volonté d'en finir avec l'orthodoxie moderniste.

L'une des « redécouvertes » de l'histoire architecturale fut le constructivisme russe. Il présentait deux attraits majeurs. D'abord, n'ayant que peu marqué l'histoire architecturale, il était possible de l'écarter des débats virulents sur le rôle de l'architecture dans la société qui avaient lieu alors et de considérer son inventivité formelle comme une preuve de liberté créative. Ensuite, étant issu du modernisme, bien qu'il fût une variante du canon, il était un antidote au postmodernisme et permettait ainsi de poursuivre une guerre idéologique par procuration.

Pendant ce temps, les études de la syntaxe du modernisme commencèrent à s'inspirer de la linguistique poststructuraliste de Derrida. Toutefois, les tentatives d'appliquer directement la déconstruction à l'architecture ne furent jamais une réussite complète. Une exposition du MoMA (Museum of Modern Art) en 1988, ayant pour thème le déconstructivisme tenta d'expliciter ces liens; elle servit plutôt à démontrer l'instabilité inhérente à cette position.

L'informatique était sur le point d'envahir la société et de permettre la construction des formes visionnaires conçues par les architectes. Au seuil du nouveau millénaire, le déconstructivisme était pratiquement enseveli sous la théâtralité de formes extraordinaires.

ŒUVRES CLÉS

← Musée Guggenheim, Bilbao, Espagne, FRANK GEHRY, 1997
Gehry réécrivit les conventions architecturales dans ce qui fut le monument le plus célèbre des années 1990. En utilisant les programmes informatiques développés pour les avions de chasse, il élabora des formes complexes revêtues d'une peau de titane ; la structure est étrangement positionnée entre la coque extérieure et les galeries intérieures.

↑ Phaeno Science Centre, Wolfsburg, Allemagne, ZAHA HADID, 2005
La carrière de Zaha Hadid à la suite de son apparition à l'exposition du MoMA en 1988 témoigne à la fois des forces et des faiblesses de l'architecture déconstructiviste. L'inventivité formelle est toujours présente. Cependant, plutôt que d'être sous-tendues par une théorie philosophique quelque peu obscure, les formes de ses ouvrages récents découlent de mathématiques complexes et peuvent maintenant être analysées et construites grâce à la fantastique puissance de l'informatique.

AUTRES ŒUVRES

FRANCE Parc de la Villette, Paris, BERNARD TSCHUMI, 1982-1993

ÉTATS-UNIS Wexner Center, université de l'Ohio, Columbus, Ohio, BERNARD TSCHUMI, 1990

AUTRICHE Dachausbau Falkestrasse (remodelage du toit), Vienne, COOP HIMMELB(L)AU (WOLF PRIX et HELMUT SWICZINSKY), 1984-1988

ALLEMAGNE Hysolar Institut, université de Stuttgart, GÜNTER BEHNISCH, 1988 ; caserne des pompiers de Vitra, Weil-am-Rhein, ZAHA HADID, 1994

constructivisme ; post-rationalisme ; techno-architecture

postmodernisme ; purisme

L'écologisme

Les tenants du « high-tech » se tournèrent vers l'écologisme quand se développa le sentiment que l'on ne pouvait pas s'en remettre à la seule technologie pour créer des formes. En revanche, introduire la notion de développement durable permettait d'expérimenter de nouvelles approches tant au niveau de la forme que dans l'emploi de matériaux, tout en ayant recours au meilleur de l'informatique.

EDWARD CULLINAN (1933-) ; NORMAN FOSTER (1935-) ; MICHAEL HOPKINS (1935-) ; RICK MATHER (1937-) ; RENZO PIANO (1937-) ; IAN RITCHIE (1947-)

développement durable ; conservation ; innovation

Un peu à la façon dont le rationalisme structural utilisait les mathématiques pour étayer des formes architecturales, c'est la notion de développement durable qui soutient la conception innovante propre à l'écologisme.

Autrefois, les bâtiments vernaculaires faisaient appel à des compétences et des matériaux locaux dont la forme était parfaitement adaptée à leur environnement ; ils étaient par nature plus durables que les constructions dotées d'une esthétique étrangère ayant recours à des matériaux importés.

Les tenants de l'architecture durable ont la volonté d'adopter une approche holistique : prise en compte de l'environnement et des conditions climatiques (pluviosité, vents dominants, etc.), évaluation du rapport existant entre ces facteurs et la fonction du bâtiment. Pour ce faire, ils utilisent l'imagerie informatique capable de déterminer avec précision les performances d'un immeuble et d'étudier les effets de la plus infime modification d'un plan. Les architectes et les designers peuvent ainsi vérifier que leurs conceptions ont la forme, l'orientation et la finition les mieux adaptées pour des activités et des sites donnés.

Les effets esthétiques produits varient considérablement et sont parfois paradoxaux. Avec leurs doubles ou triples épaisseurs de verre qui agissent comme tampon et canalisent l'excédent de chaleur, les serres ne sont plus forcément un gaspillage d'énergie ; quant aux dalles de sol et aux structures, elles peuvent servir à absorber le surplus de chaleur et moduler la température.

Lorsqu'ils en ont la possibilité, les architectes modèlent intégralement un bâtiment dans une forme originale qui améliore la luminosité et l'aération naturelles. Cependant, dans certain site urbain, la forme du bâtiment est imposée et l'amélioration d'un immeuble conventionnel peut passer par l'addition de conduits et de cheminées extérieures qui facilitent la circulation de l'air à l'intérieur. D'autres gestes imperceptibles à l'œil peuvent également produire des effets en termes d'économie d'énergie, par exemple, élargissant le champ expérimental de l'architecture.

ŒUVRES CLÉS

← **Centre culturel Jean-Marie Tjibaou, Nouméa, Nouvelle-Calédonie, RENZO PIANO, 1991-1998**
Entièrement dédié à la culture kanake, ce plan comporte dix interprétations des cases kanakes, à structure en bois. Il répond à une volonté d'allier les traditions et les matériaux locaux au savoir-faire occidental, une approche sensible de la mondialisation.

↓ **Complexe de bureaux, Stockley Park, Londres, Angleterre, IAN RITCHIE, 1990**
En utilisant des protections solaires et des parois en verre traité spécialement, Ian Ritchie a tenté ici de démontrer qu'un immeuble répondant à l'image et aux attentes des entreprises modernes ne doit pas nécessairement dilapider des ressources naturelles.

AUTRES ŒUVRES

ANGLETERRE Portcullis House, Londres, MICHAEL HOPKINS, 1989-2000 ; résidence des étudiants, université d'East Anglia, RICK MATHER, 1991 ; Tour Swiss-Re (le « Cornichon »), 30 St Mary Axe, Londres, NORMAN FOSTER, 2004

ÉCOSSE Archeolink Visitor Centre, Aberdeenshire, EDWARD CULLINAN, 1995

régionalisme ; techno-architecture

style international ; rationalisme ; postmodernisme

Le post-rationalisme

Le post-rationalisme en architecture est la rencontre entre la logique de l'économiste James Galbraith, qui considère que dans une société d'abondance il n'existe pas de distinction significative entre le luxe et la nécessité, et celle d'une science informatique complexe capable de renverser la logique structurelle conventionnelle. Le résultat est un foisonnement d'expériences consuméristes au sein de formes extraordinairement complexes.

TOYO ITO (1941-) ; REM KOOLHAAS (1944-) ; DANIEL LIBESKIND (1946-) ; STEVEN HOLL (1947-) ; JACQUES HERZOG et PIERRE DE MEURON (tous les deux 1950-) ; PETER DAVIDSON et DON BATES (1955-, 1953-) ; WINY MAAS, JACOB VAN RIJS et NATHALIE DE VRIES (1959-, 1964-, 1965-) ; ALEJANDRO ZAERA-POLO et FARSHID MOUSSAVI (1963-, 1965-)

informatique ; discordance ; fractal ; pliage ; déformation

Avant de construire, l'un des architectes contemporains les plus influents, le Néerlandais Rem Koolhaas, s'est distingué par une œuvre théorique originale. Devenu culte depuis, *New York Délire* (*Delirious New York*), publié en 1978, reconstitue la construction de Manhattan comme une opération cohérente dont il fixe *a posteriori* le programme.

Selon lui, le capitalisme a établi les termes d'une nouvelle réalité. Celle-ci aurait pu être relative et instable mais, argumente Koolhaas, le modernisme lui-même l'était.

C'est la logique du post-rationalisme, qui s'ancre dans le consumérisme, à la fois dans la façon dont la richesse collective bouleverse les relations économiques et la configuration spatiale des villes, et dont l'électronique grand public modifie notre perception de l'environnement. Le modernisme n'était qu'une étape dans un processus continu et, quelle que soit sa puissance formelle, vouloir le recréer n'est qu'un sentimentalisme vain. La société, sinon l'architecture, rendra obsolète toute signification qu'ont pu avoir ses formes.

Il expose les limites de la « zébrure », division rigide des immeubles en bandes alternées d'espace et de structures, et cherche à scinder les niveaux comme au terme d'un pliage. Répondre à une fonction est une possibilité, non une obligation.

La médiathèque Sendai de Miyagi au Japon, conçue par Toyo Ito, présente des analogies dans la structure verticale. Les colonnes pleines y sont remplacées par des tours composées de tubes en acier curvilignes qui laissent circuler les personnes, les données et l'énergie sans distinction.

Au stade où l'esthétique trouve son accomplissement dans une relation économique, la consommation est l'activité post-rationaliste par excellence. De plus en plus, les boutiques acquièrent le statut iconique de galeries d'art et les objets qu'elles contiennent sont traités comme s'ils étaient interchangeables. Dans un dernier avatar du relativisme, c'est bien le cadre qui détermine le statut d'un objet : un morceau de tissu est-il une œuvre d'art ou un vêtement ?

ŒUVRES CLÉS

← Magasin Tod's, Tokyo, Japon, TOYO ITO, 2004
Les boutiques de luxe sont devenues des véhicules du design d'avant-garde. Ici, Ito témoigne de son intérêt pour une structure définie par la science des systèmes informatiques complexes plutôt que par la physique newtonienne afin de déterminer un champ d'expérimentation spatiale.

→ Palais du Congrexpo, Lille, France, REM KOOLHAAS / OFFICE FOR METROPOLITAN ARCHITECTURE (OMA), 1994
C'est l'idée de congestion qui a guidé Rem Koolhaas, fondateur de OMA, dans l'organisation du quartier d'Euralille (1988-1996) qui se veut une mise en scène de l'incertitude, une exaltation du mouvement et des réseaux, de la densification et d'une certain confusion moderne. Le palais Congrexpo (1990-1994) illustre sa théorie de la grandeur (*bigness*) selon laquelle, passée une certaine taille, la construction devient impersonnelle et échappe à tout dialogue avec le contexte urbain.

AUTRES ŒUVRES

JAPON Terminal de ferry de Yokohama, FOREIGN OFFICE ARCHITECTS, (ALEJANDRO ZAERA-POLO et FARSHID MOUSSAVI), 2002

AUSTRALIE Federation Square, Melbourne, LAB ARCCHITECTURE (PETER DAVIDSON et DON BATES), 2002

SUISSE fondation Schaulager, Bâle, HERZOG & DE MEURON (JACQUES HERZOG et PIERRE DE MEURON), 2003

PAYS-BAS villa VPRO, Hilversum, MVRDV (WINY MAAS, JACOB VAN RIJS et NATHALIE DE VRIES), 1997 ; bureaux Het Oosten, Amsterdam, Pays-Bas, STEVEN HOLL, 2000

ALLEMAGNE Musée juif, Berlin, DANIEL LIBESKIND, 1999

déconstructivisme ; rationalisme ; expressionnisme

néorationalisme ; postmodernisme ; style international

6

PAGES DE RÉFÉRENCE

Index des œuvres

Q

R

S

Index des architectes

ARC
L'une des formes fondamentales du bâtiment, un arc est en plein cintre ou brisé (c'est-à-dire composé de courbes qui ne sont pas continues). La force de ces formes leur permet d'enjamber les trouées.

ARCADE
À l'origine, espace délimité par une rangée d'arcs, elle est devenue en langage moderne un passage couvert et piétonnier, bordé de boutiques.

ARC-BOUTANT
Pilier de maçonnerie construit à l'extérieur d'un mur pour le renforcer.

ARCHITECTE
Le sens de ce mot a évolué au cours de l'histoire. Le premier architecte connu est le grand prêtre égyptien Imhotep qui fut le premier à employer la pierre comme matériau de construction et fut ensuite déifié. Au Moyen Âge, « architecte » désignait généralement Dieu, concepteur et créateur de l'univers. Aujourd'hui, il désigne quelqu'un qui a suivi des études sanctionnées par un diplôme reconnu et capable de tracer le plan d'un édifice et d'en diriger l'exécution.

ARCHITECTURE VIRTUELLE
Niveau de sophistication atteint par l'informatique, permettant d'obtenir plusieurs solutions à partir des mêmes paramètres de base.

ARCHITRAVE
Encadrement de porte ou de fenêtre qui recouvre les bords bruts à une jonction.

ARTS AND CRAFTS
Appellation d'un groupe d'architectes de la fin du XIXe et du début du XXe siècle, britanniques pour la plupart, qui adhérèrent aux idées de William Morris et, plus indirectement, à celles de John Ruskin qui considéraient que la qualité en art découlait de l'habileté et du plaisir dans l'artisanat.

ATRIUM
À l'origine, mot latin désignant une cour fermée, à l'intérieur d'un bâtiment, et ouverte sur le ciel. Il est devenu plus tard un espace intérieur à plusieurs niveaux et à couverture en verre dans un bâtiment de type hôtel ou immeuble de bureaux.

AXE
Littéralement ligne droite ; désigne en architecture et en urbanisme de longs passages rectilignes traversant des pièces ou des bâtiments. Souvent associé aux expressions du pouvoir dans la relation entre les institutions et leurs occupants.

AXONOMÉTRIE
Système de projection particulièrement utile pour représenter des volumes et très populaire chez les architectes modernistes. Il est basé sur un plan incliné à 45° d'où l'on élève les lignes verticales. L'absence de perspective provoque une distorsion.

BALUSTRE
Pilier ou poteau supportant un chaperon ou une rampe et servant de barrière à un changement de niveau, généralement dans un escalier ou une terrasse surélevée.

BAS-CÔTÉ
Espace inférieur séparé d'un espace plus élevé par une rangée de colonnes ou de piliers. Dans une église, la nef centrale est flanquée d'un bas-côté de chaque côté, ou déambulatoire.

BASILIQUE
À l'origine salle administrative ou de réunions dans un bâtiment romain. Les chrétiens s'inspirèrent de cette forme pour construire leurs églises. Une basilique typique est oblongue et divisée en trois bandes longitudinales. La partie centrale ou nef est généralement plus haute et plus large que les « bas-côtés ».

BOSSAGE
Pierres en saillie que l'on rencontre souvent à la base des bâtiments classiques, exprimant un lien entre la terre à l'état brut et le raffinement des détails classiques situés plus haut.

BRISE-SOLEIL
Cette forme sculptée dans le béton est souvent la justification fonctionnelle d'un élément décoratif à l'extérieur des immeubles modernistes.

CANNELURE
Rainure longitudinale dans une colonne ou un pilier qui crée des motifs ombrés et des effets optiques.

CHAPITEAU
Partie supérieure d'une colonne, généralement plus large que le fût et souvent décorée.

CHARPENTE
Ossature structurelle, traditionnellement en bois, mais qui peut supporter des bâtiments beaucoup plus importants lorsqu'elle est en acier ou en béton.

CIAM (Congrès internationaux d'architecture moderne)
Fondés en 1928 au château de La Sarraz, en Suisse, en présence notamment de Le Corbusier, Gropius, May, Meyer Schmidt et Stam, ces congrès avaient pour but de définir une orthodoxie moderniste largement basée sur les positions émises par Le Corbusier et Gottfried Giedion. Ils furent contestés par le Team X dans les années 1950.

CITÉ IDÉALE
Notion essentielle durant la Renaissance où il était entendu qu'une architecture harmonieuse et bien ordonnée pouvait refléter l'ordre et l'harmonie du cosmos et la structure de la société humaine décrétée par Dieu.

CLAIRE-VOIE
Fenêtre percée en hauteur dans un mur, souvent dans les églises ou les cours de justice où il semblait inconvenant d'avoir une vue sur l'extérieur.

CLOÎTRE
Espace couvert donnant sur un jardin ou une cour fermée, souvent associé à l'intimité ou à la méditation, dans les monastères par exemple.

COLONNADE
Rangée de colonnes supportant un mur, un entablement ou des arcs.

COQUE
Structure de base d'un immeuble de bureaux avant qu'il ne soit aménagé en fonction des besoins spécifiques des occupants. Il peut s'agir également d'une voûte moderne autoporteuse constituée d'un mince voile de béton de forme bombée, comme dans le cas du CNIT de La Défense.

CORBEAU
Pierre en saillie, sur un mur, supportant les extrémités d'une poutre ou de la structure d'un toit. Une

série de corbeaux peut former un portail qui, dans certaines formes d'architecture, peut remplacer une arcade réelle.

CORNICHE
Couronnement en saillie, continu, d'un bâtiment classique, caractéristique des palais florentins de la Renaissance.

COUPOLE
Voûte hémisphérique intérieure d'un dôme surmontant un édifice.

COUR CARRÉE
Cour dont chaque côté peut être formé d'une colonnade ou d'une arcade.

CROISÉE
Jonction entre la nef et le transept dans les églises.

DÔME
Enveloppe extérieure d'une coupole, de forme circulaire, polygonale ou elliptique.

ÉDICULE
Littéralement « petite maison » ; en général, un petit espace délimité par des colonnes et un toit au sein d'un espace plus vaste.

ENDUIT
Revêtement appliqué sur la face extérieure d'un mur afin de le protéger.

ENTABLEMENT
Partie d'un bâtiment classique située entre le chapiteau et la corniche et qui porte la majeure partie de la décoration de l'édifice.

ENTASIS
Galbe d'une colonne qui est enflée au tiers de sa hauteur ; cette correction évite que le fût ne paraisse concave à l'œil.

ESPACE, TEMPS, ARCHITECTURE
Le titre du livre de Siegfried Giedion, longtemps secrétaire des CIAM, se réfère à la prétendue simultanéité d'expérience dans l'architecture moderniste de Le Corbusier, Walter Gropius et autres, laquelle assimilait le modernisme à la théorie de la relativité d'Einstein et à la peinture cubiste.

FAÇADE
Une des faces extérieures d'un bâtiment.

FILET DE CÂBLES
Structure de toit légère, capable de couvrir de vastes espaces de façon économique. Un filet de câbles est précontraint pour obtenir la forme la plus efficace, calculée par ordinateur, et permettre à la structure de jouer.

FLÈCHE
Structure effilée couronnant une tour ou un bâtiment, habituellement le clocher d'une église.

FOYER
Hall d'entrée ayant une fonction architecturale et sociale dans une grande institution publique, opéra ou théâtre par exemple.

FRONTON
Couronnement souvent triangulaire d'un édifice classique, orné de sculptures.

ISOMÉTRIQUE
Se dit d'une projection basée sur un plan mais déformée pour éviter les divergences apparentes d'une représentation axonométrique.

JUNK SPACE (Espace rebut)
Terme forgé par Rem Koolhaas pour décrire les espaces indifférenciés accueillant les grands immeubles urbains comme les centres commerciaux ou les halls d'exposition.

MEZZANINE
Étage intermédiaire, ou entresol, souvent de surface inférieure à celle de l'étage sur lequel il donne.

MODERNISME
Bien que difficile à définir, il s'agit incontestablement du mouvement dominant dans le monde des arts, y compris l'architecture, depuis le début du XXe siècle. Le thème commun qui relie les divers courants, souvent contradictoires, que l'on qualifie de modernistes est le rejet des conventions artistiques et culturelles et le réexamen permanent des objectifs, du contenu et de la fonction de l'art.

MUR RIDEAU
Mur non porteur, soutenu par un cadre et composé de panneaux pleins ou vitrés.

NEF
Dans une église, espace situé entre l'entrée principale, généralement orientée à l'ouest, et la croisée, souvent flanquée de deux bas-côtés.

ORDRES
Les ordres constituent l'élément fondamental de l'architecture classique et sont la mémoire de sa culture. Chacun des trois ordres grecs – dorique, ionique et corinthien – gouverne les proportions et les éléments décoratifs selon ses propres règles.

PANNEAU
Élément de finition d'un mur, en règle générale composant modulaire non porteur et répété, qui s'adapte sur un système de mur rideau et est supporté par un cadre.

PARAPET
Partie de mur qui dépasse la gouttière et cache cette dernière ainsi que le toit.

PÉRISTYLE
Rangée de colonnes entourant une cour ou un édifice tel qu'un temple.

PIANO NOBILE
En italien « étage noble », c'est-à-dire l'étage principal d'un bâtiment classique entre le rez-de-chaussée et le toit ou les combles.

PIAZZA
En italien « place », espace public de plein air, dans une ville, souvent associé à une église ou une institution publique majeure.

PIÉDROIT
Puissant élément structurel vertical supportant souvent une lourde charge, comme une voûte complexe ou une coupole.

PIGNON
Partie supérieure d'un mur supportant les pentes d'un toit, généralement triangulaire.

PILASTRE
Pilier plat faisant saillie dans un mur, souvent souligné par des éléments décoratifs. Utilisé pour suggérer l'ordre classique.

PILIER
Élément porteur en forme de colonne ne se conformant pas nécessairement à une proportion ou à une ornementation classique.

PILOTIS
Colonnes dénuées d'ornement et sans *entasis*. Ils sont employés dans l'architecture moderniste pour élever un bâtiment au-dessus du sol et libérer

celui-ci au profit de la circulation des personnes et de la végétation.

POLYCHROMIE
Caractère de ce qui a plusieurs couleurs. Ce mot acquit un sens plus polémique avant et pendant les premières décennies de 1800, quand l'emploi par les Grecs antiques de la couleur sur leurs édifices fit l'objet d'une vive controverse.

PORTE-À-FAUX
Élément (poteau, dalle…) fixé à l'une de ses extrémités et projeté dans le vide.

PORTIQUE
Espace délimité par une rangée de colonnes, ou davantage, surmontée d'un fronton triangulaire, formant un vestibule ou un espace intermédiaire entre l'extérieur et l'intérieur d'un édifice.

PRÉFABRICATION
Processus selon lequel des éléments d'un bâtiment, parfois même des bâtiments entiers ou les modules les composant, sont fabriqués en usine et assemblés sur le site de construction. Certains architectes modernistes rêvaient de cette association avec l'industrie, mais elle ne s'avéra pas totalement satisfaisante ; elle est néanmoins revenue à la mode récemment.

PROJECTION ORTHOGONALE
Représentation en deux dimensions d'une tranche d'un bâtiment, soit verticale (section ou élévation), soit horizontale (plan). Elle devint la norme au cours de la Renaissance et elle est un élément crucial de la communication des instructions entre un architecte et les bâtisseurs. Des procédés tels que la projection de l'ombre permettent de montrer le relief.

PROSTYLE
Rangée de colonnes, analogue au portique.

REVÊTEMENT
Couche ou panneau extérieur non porteur, fixé sur un mur ou une structure porteuse. On trouve ce procédé dans l'architecture vernaculaire, mais il devint surtout courant à partir de la fin du XIXe siècle.

SECTION DORÉE (OU NOMBRE D'OR, OU PROPORTION DORÉE)
L'un des rapports de proportion les plus couramment utilisés en architecture classique qui cherchait une source dans les mathématiques. On pensait autrefois que cette formule avait des propriétés divines ou mystiques que peu d'architectes admettraient de nos jours, mais c'est indéniablement un outil de création de proportions élégantes.

SOUBASSEMENT
Partie inférieure d'une construction sur laquelle repose un édifice.

STUC
Enduit communément employé pour imiter des sculptures en pierre, mais beaucoup moins onéreux que celle-ci.

SURFACE AU SOL
Surface et forme d'un bâtiment au sol, sans considération de la hauteur ou de la forme des étages supérieurs.

SYMBOLISME
Procédé visuel se référant à une idée ou à un système d'idées. La décoration architecturale est souvent symbolique et se réfère parfois purement à la fonction ou à la destination du bâtiment. Il arrive également qu'elle se réfère à un programme idéologique différent. De temps à autre, le symbolisme architectural peut établir un lien entre la fonction prosaïque d'un bâtiment et des concepts culturels plus larges.

TEAM X
Groupe de jeunes architectes qui, dans les années 1930, s'opposa radicalement aux CIAM dont il jugeait la définition de l'architecture moderniste trop normative.

TORE
Forme géométrique ovoïde tridimensionnelle. Étant descriptible en termes mathématiques, un tore est facile à élaborer et accroît par conséquent la gamme des formes complexes que l'on peut construire.

TRANSEPT
Dans une église, projection sur chaque côté de la croisée d'un axe mineur perpendiculaire à l'axe majeur partant de l'entrée, à l'ouest, et allant vers l'autel.

TROMPE (D'ANGLE)
Système d'arcs s'élevant à 45° à partir d'un plan carré. Employé pour supporter une tour polygonale ou une flèche d'église sur une base carrée.

UTILISATEUR
Mot anodin en apparence, il est devenu discutable dans la mesure où, de plus en plus, les bâtiments sont commandés par des gens à des fins spéculatives qui ne les utiliseront pas une fois achevés.

VERNACULAIRE
Architecture autochtone utilisant des matériaux locaux et des techniques traditionnelles qui ont évolué sur une longue période. Elle a souvent un lien étroit avec la structure sociale de la société bâtisseuse.

VITRAGE
Mur ou partie d'un mur principalement composé de vitres.

VOLUTE
Motif d'ornementation formé par un enroulement en spirale, caractéristique du chapiteau des colonnes ioniques. On la trouve parfois sur les chapiteaux de colonnes corinthiennes.

VOÛTE
Couverture d'un bâtiment, en brique ou en pierre, arquée. Elle intervient le plus souvent dans l'architecture gothique, dans laquelle l'arc est brisé plutôt qu'en plein cintre, et elle est formée par des nervures, les intervalles étant emplis de pierre. Elle est parfois très élaborée et décorative.

VOÛTE EN BERCEAU
Toit formé sur le principe d'un arc, mais prolongé de façon à obtenir un volume semi-circulaire.

ZIGGOURAT
Pyramide à degrés préfigurant les grandes pyramides de l'Égypte antique. On en rencontre en Mésopotamie et en Amérique centrale.

ZONAGE
Politique moderniste d'aménagement urbain, aujourd'hui totalement rejetée. Elle consistait, généralement pour des raisons sanitaires ou idéologiques, à répartir les activités dans des zones différentes de la ville. Ainsi, le logement, l'industrie, le commerce et les loisirs étaient séparés les uns des autres.

Chronologie des courants

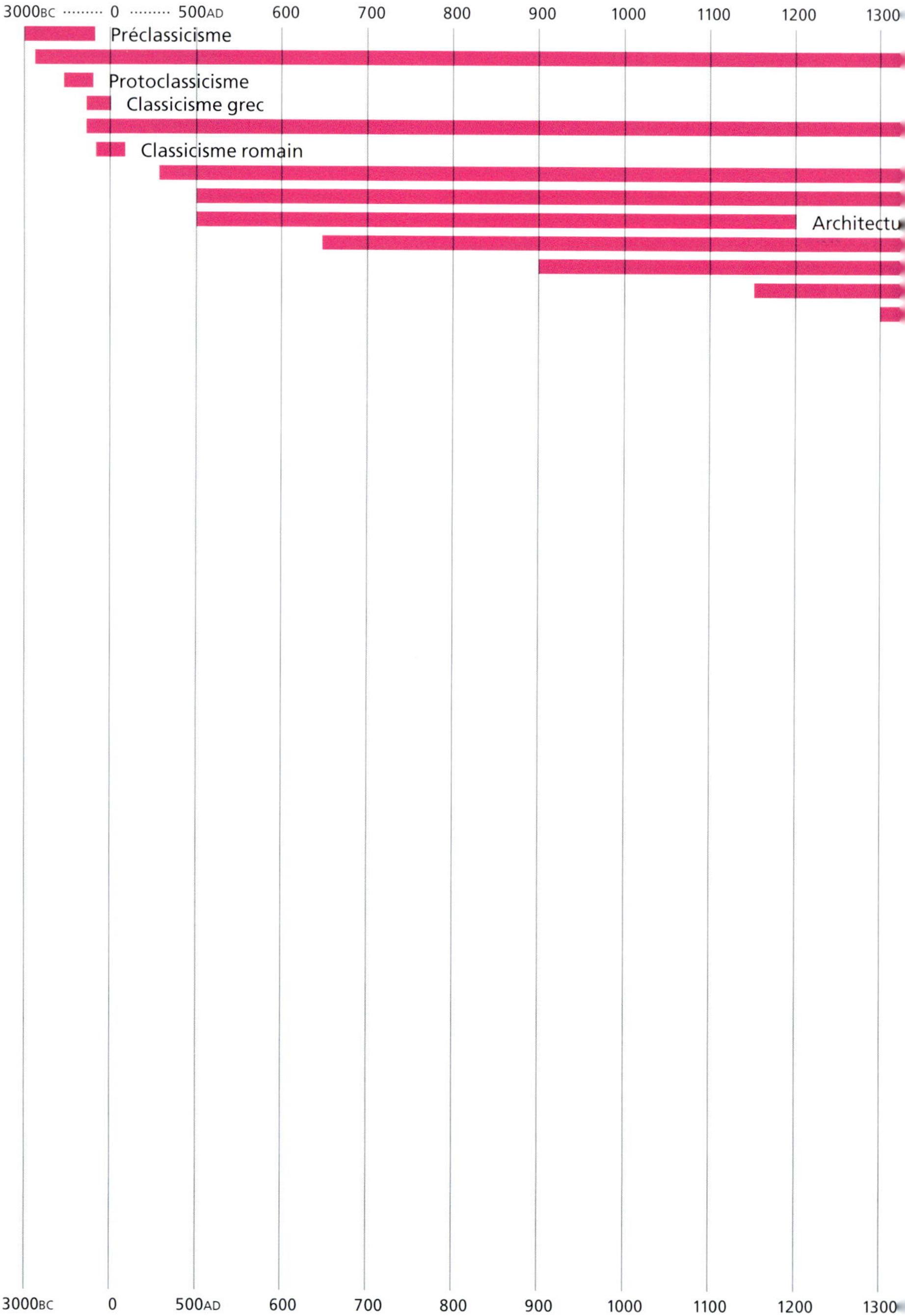

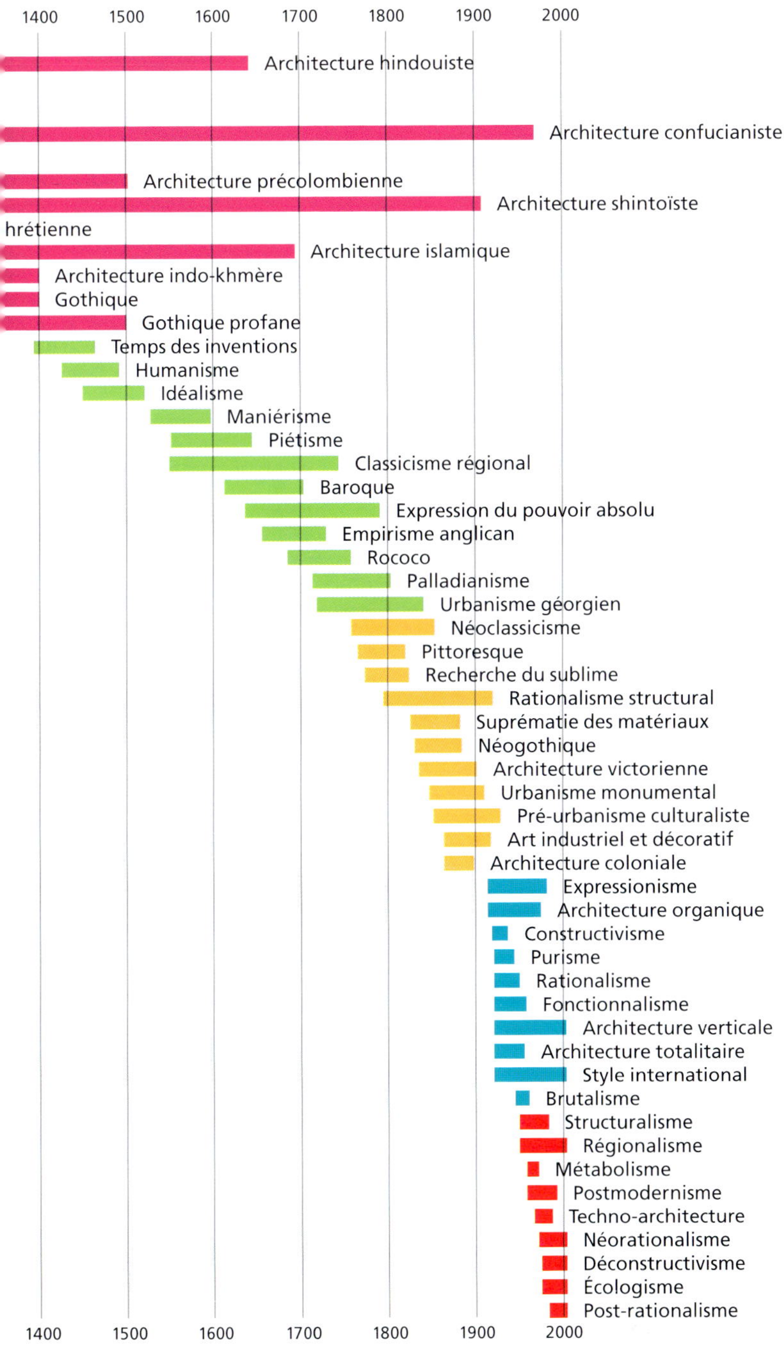
1400
1500
1600
1700
1800
1900
2000
Architecture hindouiste
Architecture confucianiste
Architecture précolombienne
Architecture shintoïste
hrétienne
Architecture islamique
Architecture indo-khmère
Gothique
Gothique profane
Temps des inventions
Humanisme
Idéalisme
Maniérisme
Piétisme
Classicisme régional
Baroque
Expression du pouvoir absolu
Empirisme anglican
Rococo
Palladianisme
Urbanisme géorgien
Néoclassicisme
Pittoresque
Recherche du sublime
Rationalisme structural
Suprématie des matériaux
Néogothique
Architecture victorienne
Urbanisme monumental
Pré-urbanisme culturaliste
Art industriel et décoratif
Architecture coloniale
Expressionisme
Architecture organique
Constructivisme
Purisme
Rationalisme
Fonctionnalisme
Architecture verticale
Architecture totalitaire
Style international
Brutalisme
Structuralisme
Régionalisme
Métabolisme
Postmodernisme
Techno-architecture
Néorationalisme
Déconstructivisme
Écologisme
Post-rationalisme

Lieux à visiter

ALLEMAGNE
BERLIN Fonctionnalisme ; Post-rationalisme; Néoclassicisme; Rationalisme; Structuralisme; Architecture totalitaire
DRESDE Urbanisme monumental; Rococo
MUNICH Expressionnisme; Néoclassicisme; Architecture totalitaire

AUSTRALIE
CANBERRA Pré-urbanisme culturaliste
MELBOURNE Post-rationalisme
SYDNEY Expressionnisme

AUTRICHE
VIENNE Expression du pouvoir absolu; Déconstructivisme; Art industriel et décoratif; Urbanisme monumental; Postmodernisme; Rococo

BELGIQUE
BRUXELLES Art industriel et décoratif; Urbanisme monumental

BRÉSIL
RIO DE JANEIRO Régionalisme

CAMBODGE
ANGKOR Architecture indo-khmère

CANADA
MONTRÉAL Techno-architecture

CHINE
BEIJING Architecture confucianiste
HONG KONG Architecture verticale

ÉGYPTE
LE CAIRE Architecture islamique
GIZEH Préclassicisme

ÉTATS-UNIS
BALTIMORE Néoclassicisme
CHICAGO Art industriel et décoratif; Fonctionnalisme; Urbanisme monumental; Architecture verticale; Architecture victorienne
LOS ANGELES Techno-architecture; Architecture organique
NEW YORK Style international; Expressionnisme; Architecture verticale
PHILADELPHIE Postmodernisme; Architecture organique
WASHINGTON Néoclassicisme

ESPAGNE
BARCELONE Art industriel et décoratif; Rationalisme
BILBAO Déconstructivisme
CORDOUE Architecture islamique
MADRID Piétisme

FINLANDE
HELSINKI Fonctionnalisme

FRANCE
PARIS Expression du pouvoir absolu; Déconstructivisme; Art industriel et décoratif; Gothique; Urbanisme monumental ; Néoclassicisme; Purisme; Rococo; Rationalisme structural; Recherche du sublime; Techno-architecture

GRÈCE
ATHÈNES Classicisme grec
CRÈTE Protoclassicisme

GUATEMALA
TIKAL Architecture précolombienne

INDE
DELHI Architecture hindouiste; Architecture islamique
NEW DELHI Pré-urbanisme culturaliste; Architecture coloniale

ISRAEL
JÉRUSALEM Architecture islamique

ITALIE
FLORENCE Expressionnisme; Humanisme; Temps des inventions; Maniérisme
MILAN Humanisme; Néorationalisme; Régionalisme; Architecture totalitaire
ROME Baroque; Architecture chrétienne; Humanisme; Idéalisme; Maniérisme; Urbanisme monumental; Piétisme; Classicisme romain; Architecture totalitaire
VENISE Baroque; Architecture chrétienne; Gothique profane; Maniérisme

JAPON
KATSURA Architecture shintoïste
TOKYO Métabolisme; Post-rationalisme; Architecture verticale

MALAISIE
KUALA LUMPUR Architecture verticale

MEXIQUE
MEXICO Piétisme; Régionalisme
TEOTIHUACAN Architecture précolombienne

PAYS-BAS
AMSTERDAM Expressionnisme; Post-rationalisme; Structuralisme; Rationalisme structural
LA HAYE Classicisme régional

NOUVELLE-CALÉDONIE
NOUMÉA Écologisme

PÉROU
CUZCO Architecture précolombienne

POLOGNE
VARSOVIE Architecture totalitaire

PORTUGAL
OPORTO Néorationalisme

RÉPUBLIQUE D'AFRIQUE DU SUD
PRETORIA Architecture coloniale

RÉPUBLIQUE TCHÈQUE
PRAGUE Purisme

RUSSIE
MOSCOU Architecture chrétienne; Constructivisme; Architecture totalitaire
SAINT-PÉTERSBOURG Expression du pouvoir absolu; Recherche du sublime

SUÈDE
DROTTNINGHOLM Pittoresque
STOCKHOLM Classicisme régional

SUISSE
BÂLE Post-rationalisme

TURQUIE
ISTANBUL Architecture chrétienne; Architecture islamique

ROYAUME-UNI
CAMBRIDGE Gothique; Structuralisme; Techno-architecture
EDIMBOURG Urbanisme géorgien
LONDRES Empirisme anglican; Pré-urbanisme culturaliste; Brutalisme; Architecture chrétienne; Écologisme; Pittoresque; Urbanisme géorgien; Gothique; Suprématie des matériaux; Néogothique; Urbanisme monumental; Néoclassicisme; Palladianisme; Postmodernisme; Purisme; Recherche du sublime; Techno-architecture; Architecture victorienne
OXFORD Empirisme anglican; Suprématie des matériaux; Architecture victorienne

UKRAINE
DNIEPROSTROÏ Constructivisme

Credits photographiques

pp 2, 40, 46, 55 et 108 © Angelo Hornak / Corbis
pp 10 et 14 © Ted Streshinsky / Corbis
p 12 © Nik Wheeler / Corbis
p 13 © Roger Ressmeyer / Corbis
p 15 © Pallava Bagla / Corbis
p 16 © Roger Wood / Corbis
pp 17, 53 et 56 © Scala, Florence
pp 18-19 © Charles O'Rear / Corbis
pp 20-21 © Macduff Everton / Corbis
p 22 © Keren Su / Corbis
p 23 © Joseph Sohm, ChromoSohm Inc / Corbis
pp 24 et 32 © Archivo Iconografico, SA / Corbis
pp 25 et 142 © Werner Forman / Corbis
p 27 © Craig Lovell / Corbis
pp 28-29 © ML Sinibald / Corbis
p 30 © Jon Hicks / Corbis
p 31 © Sakamoto Photo Research Laboratory / Corbis
pp 33 et 75 © Patrick Ward / Corbis
pp 34, 79 et 89 © Paul Almasy / Corbis
p 35 © Rose Hartman / Corbis
pp 36 et 90 © Tibor Bognár / Corbis
p 37 © Charles et Josette Lenars / Corbis
pp 38 et 73 © Robert Holmes / Corbis
p 39 © Richard List / Corbis
pp 41, 65, 80 et 85 © Michael Nicholson / Corbis
p 42 © Araldo de Luca / Corbis
p 44 © Jim Zuckerman / Corbis
p 45 © Alinari Archives / Corbis
pp 47, 49 et 52 © Vanni Archive / Corbis
p 48 © José F. Poblete / Corbis
p 51 © Carmen Rodondo / Corbis
p 54 © Paul Hardy / Corbis
p 57 © Donald Corner et Jenny Young / GreatBuildings.com
pp 58-59 et 64 © Gregor M Schmid / Corbis
pp 60-61 et 92 © Bridgeman Art Library, London
pp 62, 70 et 81 © Alen MacWeeney / Corbis
p 63 © Jose Fuste Raga / Corbis
p 66 © Eric Crichton / Corbis
pp 67 et 86 © Michael Boys / Corbis
pp 68-69 © London Aerial Photo Library / Corbis
p 69 © Philippa Lewis, Edifice / Corbis
p 72 © Reinhard Goerner / Artur / view
pp 74-75 © Roger Antrobus / Corbis
pp 76 et 84 © Gillian Darley, Edifice / Corbis
pp 77, 106 et 118 © Dennis Gilbert / view
p 78 © Sergio Pitamitz / Corbis
p 82 © Humphrey Evans, Cordaiy Photo Library Ltd / Corbis
p 83 © Richard Turpin / arcaid.co.uk
p 87 © Ann S. Dean, Brighton
p 88 © Kevin Fleming / Corbis
p 91 © David Ball / Corbis
pp 94-95 © Brendan Ryan, Gallo Images / Corbis
pp 96 et 107 © Adam Woolfitt / Corbis
p 98 © Jochen Helle / Artur / view
p 99 © L. Clarke / Corbis
p 101 © private collection / Bridgeman Art Library
p 102 © Chris Gascoigne / view
p 103 © Edifice / Corbis
pp 104, 123, 131 et 133 © Richard Bryant / arcaid.co.uk
p 105 © Manfred Vollmer / Corbis
p 109 © So Hing-Keung / Corbis
p 110 © Klaus Frahm / Artur / view
p 111 © Alex Bartel / arcaid.co.uk
pp 112 et115 © Farrell Grehan / Corbis
p 113 © Jeff Goldberg / esto
pp 116-17 © Bettmann / Corbis
p 119 © Thomas A. Heinz / Corbis
pp 120 et 136 © Philip Bier / view
p 124 © Bill Tingey / Arcaid
p 125 © Michael S. Yamashita / Corbis
pp 126-27 © Richard Rogers Partnership
pp 128-29 © Grant Smith / view
pp 130-31 © Reuters / Corbis
p 132 © Matt Wargo
p 134 © Wolfgang Schwater / Artur / view
p 135 © Roland Halbe / Artur / view
p 137 © Hélène Binet
pp 138-39 © John Gollings
p 139 © Ian Ritchie Architects
p 140 © Edmund Sumner / view
p 141 © Paul Raftery / view.

Couverture (de gauche à droite, en partant du haut)
© Charles O'Rear / Corbis
© Richard Rogers Partnership
© Gillian Darley, Edifice / Corbis
© Roger Ressmeyer / Corbis
© Jim Zuckerman / Corbis
© L. Clarke / Corbis
© Edmund Sumner / view
© Farrell Grehan / Corbis
© Matt Wargo
© Pallava Bagla / Corbis
© Donald Corner et Jenny Young / GreatBuildings.com
© Paul Almasy / Corbis
© Philip Bier / view
© ML Sinibald / Corbis
© Angelo Hornak / Corbiw

Illustrations de la couverture
(de gauche à droite, en partant du haut) :

Le Parthénon, Athènes (pp 18-19)
Centre Georges-Pompidou, Paris (p 132)
Keble College, université d'Oxford, Angleterre (p 84)
Les grandes pyramides, Gizeh, Le Caire (p 13)
Basilica di Santa Maria del Fiore (cathédrale de Florence) (p 44)
Opéra de Sydney (p 99)
Magasin Tods, Tokyo (p 140)
Johnson Wax, siège social, Racine, Wisconsin (p 115)
Vanna Venturi House, Chestnut Hill, Philadelphie (p 128)
Taj Mahal, Agra (p 15)
San Carlo alle Quattro Fontane, Rome (p 57)
Bouche du métro, porte Dauphine, Paris (p 89)
Musée Guggenheim, Bilbao, Espagne (p 136)
Temple 1, Tikal, Guatemala (pp 28-29)
Palais des Doges, Venise (p 40)

Traduction : Catherine Bricout

Suivi éditorial et adaptation PAO : Domino

Titre original en langue anglaise : *...isms, Understanding architecture*

Responsable du projet : David Breuer
Direction artistique : Isambard Thomas
Iconographie : Caroline Ellerby

61, bd Saint-Germain
75240 Paris cedex 05
www.editions-eyrolles.com

Deuxième tirage 2008

ISBN : 978-2-7081-3439-3

Dépôt légal : février 2008

Imprimé à Singapour par Star Standard Industries Pte. Ltd.